云南省高校科技创新团队支持计划资助

云南马帮

经济变迁研究

廖乐焕 孙丹 著

人民出版社

责任编辑:陈寒节
责任校对:湖 催

图书在版编目(CIP)数据

云南马帮经济变迁研究/廖乐焕,孙丹 著.
—北京:人民出版社,2011.11
ISBN 978 - 7 - 01 - 009865 - 4

Ⅰ.①云⋯　Ⅱ.①廖⋯②孙⋯　Ⅲ.①贸易经济 - 研究
- 云南省　Ⅳ.①F727.74

中国版本图书馆 CIP 数据核字(2011)第 077017 号

云南马帮经济变迁研究
YUNNAN MABANG JINGJI BIANQIAN YANJIU

廖乐焕　孙　丹　著

人民出版社 出版发行
(100706　北京朝阳门内大街 166 号)

北京市文林印务有限公司印刷　新华书店经销

2011 年 11 月第 1 版　2011 年 11 月第 1 次印刷
开本:710 毫米×1000 毫米 1/16　印张:11
字数:160 千字　印数:0,001 - 2,200 册

ISBN 978 - 7 - 01 - 009865 - 4　定价:25.00 元

邮购地址:100706　北京朝阳门内大街 166 号
人民东方图书销售中心　电话:(010)65250042　65289539

《云南民族大学学术文库》
总　序

云南民族大学党委书记、教授、博导　　甄朝党

云南民族大学校　　　　长、教授、博导　　张英杰

　　云南民族大学是一所培养包括汉族在内的各民族高级专门人才的综合性大学,是云南省省属重点大学,是国家民委和云南省人民政府共建的全国重点民族院校。学校始建于 1951 年 8 月,受到毛泽东、周恩来、邓小平、江泽民、胡锦涛等几代党和国家领导人的亲切关怀而创立和不断发展,被党和国家特别是云南省委、省政府以及全省各族人民寄予厚望。几代民族大学师生不负重托,励精图治,经过近 60 年的建设尤其是最近几年的创新发展,云南民族大学已经成为我国重要的民族高层次人才培养基地、民族问题研究基地、民族文化传承基地和国家对外开放与交流的重要窗口,在国家高等教育体系中占有重要地位,并享有较高的国际声誉。

　　云南民族大学是一所学科门类较为齐全、办学层次较为丰富、办学形式多样、师资力量雄厚、学校规模较大、特色鲜明、优势突出的综合性大学。目前拥有 1 个联合培养博士点,50 个一级、二级学科硕士学位点和专业硕士学位点,60 个本科专业,涵盖哲学、经济学、法学、教育学、文学、历史学、理学、工学和管理学 9 大学科门类。学校 1979 年开始招收培养研究生,2003年被教育部批准与中国人民大学联合招收培养社会学博士研究生,2009 年被确定为国家立项建设的新增博士学位授予单位。国家级、省部级特色专业、重点学科、重点实验室、研究基地,国家级和省部级科研项目立项数、获

奖数等衡量高校办学质量和水平的重要指标持续增长。民族学、社会学、经济学、管理学、民族语言文化、民族药资源化学、东南亚南亚语言文化等特色学科实力显著增强,在国内外的影响力不断扩大。学校科学合理的人才培养体系和科学研究体系得到较好形成和健全完善,特色得以不断彰显,优势得以不断突出,影响力得以不断扩大,地位与水平得以不断提升,学校改革、建设、发展不断取得重大突破,学科建设、师资队伍建设、校区建设、党的建设等工作不断取得标志性成就,通过人才培养、科学研究、服务社会、传承文明,为国家特别是西南边境民族地区发挥作用、做出贡献的力度越来越大。

云南民族大学高度重视科学研究,形成了深厚的学术积淀和优良的学术传统。长期以来,学校围绕经济社会发展和学科建设需要,大力开展科学研究,产出大量学术创新成果,提出一些原创性理论和观点,得到党委政府的肯定和学术界的好评。早在 20 世纪 50 年代,以著名民族学家马曜教授为代表的一批学者就从云南边疆民族地区实际出发,提出"直接过渡民族"理论,得到党和国家高层领导刘少奇、周恩来、李维汉等的充分肯定并采纳,直接转化为指导民族工作的方针政策,为顺利完成边疆民族地区社会主义改造、维护边疆民族地区团结稳定和持续发展发挥了重要作用,做出了突出贡献。汪宁生教授是我国解放后较早从事民族考古学研究并取得突出成就的专家,为民族考古学中国化做出重要贡献,他的研究成果被国内外学术界广泛引用。最近几年,我校专家主持完成的国家社会科学基金项目数量多,成果质量高,结项成果中有 3 项由全国哲学社会科学规划办公室刊发《成果要报》报送党和国家高层领导,发挥了资政作用。主要由我校专家完成的国家民委《民族问题五种丛书》云南部分、云南民族文化史丛书等都是民族研究中的基本文献,为解决民族问题和深化学术研究提供了有力支持。此外,还有不少论著成为我国现代学术中具有代表性的成果。

改革开放 30 多年来,我国迅速崛起,成为国际影响力越来越大的国家。国家的崛起为高等教育发展创造了机遇,也对高等教育提出了更高的要求。2009 年,胡锦涛总书记考察云南,提出要把云南建成我国面向西南开放的重要桥头堡的指导思想。云南省委、省政府作出把云南建成绿色经济强省、民族文化强省和我国面向西南开放重要桥头堡的战略部署。作为负有特殊责任和使命的高校,云南民族大学将根据国家和区域发展战略,进一步强化人才培养、科学研究、社会服务和文化传承的功能,围绕把学校建成"国内一流、国际知名的高水平民族大学"的战略目标,进一步加大学科建设力度,培育和建设一批国内省内领先的学科;进一步加强人才队伍建设,全面提高教师队伍整体水平;进一步深化教育教学改革,提高教育国际化水平和人才培养质量;进一步抓好科技创新,提高学术水平和学术地位,把云南民族大学建设成为立足云南、面向全国、辐射东南亚南亚的高水平民族大学,为我国经济社会发展特别是云南边疆民族地区经济社会发展做出更大贡献。

学科建设是高等学校龙头性、核心性、基础性的建设工程,科学研究是高等学校的基本职能与重要任务。为更好地促进学校科学研究工作、加强学科建设、推进学术创新,学校党委和行政决定编辑出版《云南民族大学学术文库》。

这套文库将体现科学研究为经济社会发展服务的特点。经济社会需要是学术研究的动力,也是科研成果的价值得以实现的途径。当前,我国和我省处于快速发展时期,经济社会发展中有许多问题需要高校研究,提出解决思路和办法,供党委政府和社会各界参考和采择,为发展提供智力支持。我们必须增强科学研究的现实性、针对性,加强学术研究与经济社会发展的联系,才能充分发挥科学研究的社会作用,提高高校对经济社会发展的影响力和贡献度,并在这一过程中实现自己的价值,提升高校的学术地位和社会地位。云南民族大学过去有这方面的成功经验,我们相信,随着文库的陆续出版,学校致力于为边疆民族地区经济社会发展服务、促进民族团结进步、社会和谐稳定的优良传统将进一步得到弘扬,学校作为社会思想库与政府智库的作用将进一步得到巩固和增强。

这套文库将与我校学科建设紧密结合,体现学术积累和文化创造的特点,突出我校学科特色和优势,为进一步增强学科实力服务。我校2009年被确定为国家立项建设的新增博士学位授予单位,这是对我校办学实力和水平的肯定,也为学校发展提供了重要机遇,同时还对学校建设发展提出了更高要求。博士生教育是高校人才培养的最高层次,它要求有高水平的师资和高水平的科学研究能力和研究成果支持。学科建设是培养高层次人才的重要基础,我们将按照国家和云南省关于新增博士学位授予单位立项建设的要求,遵循"以学科建设为龙头,人才队伍建设为关键,以创新打造特色,以特色强化优势,以优势谋求发展"的思路,大力促进民族学、社会学、应用经济学、中国语言文学、公共管理学等博士授权与支撑学科的建设与发展,并将这些学科产出的优秀成果体现在这套学术文库中,并用这些重点与特色优势学科的建设发展更好地带动全校各类学科的建设与发展,努力使全校学科建设体现出战略规划、立体布局、突出重点、统筹兼顾、全面发展、产出成果的态势与格局,用高水平的学科促进高水平的大学建设。

这套文库将体现良好的学术品格和学术规范。科学研究的目的是探寻真理,创新知识,完善社会,促进人类进步。这就要求研究者必需有健全的主体精神和科学的研究方法。我们倡导实事求是的研究态度,文库作者要以为国家负责、为社会负责、为公众负责、为学术负责的高度责任感,严谨治学,追求真理,保证科研成果的精神品质。要谨守学术道德,加强学术自律,按照学术界公认的学术规范开展研究,撰写著作,提高学术质量,为学术研究的实质性进步做出不懈努力。只有这样,才能做出有思想深度、学术创见和社会影响的成果,也才能让科学研究真正发挥作用。

我们相信,在社会各界和专家学者们的关心支持及全校教学科研人员的共同努力下,《云南民族大学学术文库》一定能成为反映我校学科建设成果的重要平台和展示我校科学研究成果的精品库,一定能成为我校知识创新、文明创造、服务社会宝贵的精神财富。我们的文库建设肯定会存在一些问题或不足,恳请各位领导、各位专家和广大读者不吝批评指正,以帮助我们将文库编辑出版工作做得更好。

二〇〇九年国庆于春城昆明

目　　录

表目录

导　论

一、选题缘由及研究意义

（一）选题缘由

以云南马帮经济变迁分析为选题,主要基于以下观察与思考:

在云南经济史上,马帮是不可忽视的经济事件。所谓马帮,是对按约定俗成的方式组织起来的一群赶马人及他们所管理的骡马运输队伍的称呼,[①]是一种以马(在云南主要是骡马)为载体的商品与货物的交通运输方式。由于云南山高谷深,地形复杂,道路不畅,虽有六大水系,但可利用于交通运输的水道和湖泊极为有限,因此云南境内广大地区和对外贸易的运输几乎完全凭借人畜之力;特殊的地理气候环境与条件,决定了云南自古以来盛产良马,由此决定马帮是云南当地最方便、最经济的货物运输形式。

马帮在云南足以影响整个云南的经济特征,是云南少数民族经济发展的重要历史阶段与形式。在收集和整理马帮资料、感受茶马古道历史沧桑的过程中,我们发现,马帮在历史上是一种真实性的客观存在,而不是一种需要用人为来强行划分和归类的纯粹概念和名称上的思辨游戏。云南马帮的起源和目的,是为了有利于实际的生活,是云南各族人民对于生活环境的自适应。有学者指出,马帮是专为云南的环境和人情而建立的,它的特点是

[①]　王明达,张锡禄.马帮文化[M].昆明:云南人民出版社,1993:1.

门槛不高,任何人要进入这个行业都没有什么先天的障碍,这一点是极为可贵的,也是云南民族经济中的一个主要的特点。[①] 历史上,马帮是云南经济发展的一个重要因素;在近代,马帮在云南经济中得到普遍发展,其影响和作用深深渗入每一个经济组织、每一个地域以至每一个少数民族经济体中,对云南经济社会发展发挥了巨大的历史推动作用。同时,马帮的发展壮大,不仅促进了云南少数民族地区的经济增长及对外贸易的发展,还加强了各个民族之间的文化交流和融合。

(二)研究意义

从经济变迁的角度研究云南马帮,其意义及价值在于:

1.理论层面

一是有助于我们更清晰地认知和理解民族经济学这门学科的科学内涵、基本特征及其重要价值。在我国,民族经济学是以施正一教授为代表的民族学与经济学学者于20世纪70年代末80年代初创立的。从民族经济学的角度考察云南土生土长的马帮,分析它产生的背景、形成发展过程、经济特征及其在云南经济社会发展中的历史地位与作用,有助于我们认知和明确:在我国,民族经济学是特指主要发生在少数民族地区的以除汉族之外的各少数民族为经济主体的、经济利益为各少数民族分享的经济形态与类型。马帮是在多民族共同生产、生活的云南产生的,各少数民族主动积极参与,并且都能从中获取经济利益。显然,云南马帮这个经济现象,具有典型的民族经济学特征,能够帮助我们更清晰地认知和理解民族经济学学科。二是有利于促进和推动云南少数民族经济的理论研究与学术探讨。云南是我国少数民族种类最多的省份,也是边疆地区,很多少数民族跨国分布。这为我们从事民族经济学研究提供了丰富而难得的条件与便利。云南马帮是典型的民族经济现象,在云南足以影响整个云南的经济特征。研究云南马

---

① 马丽娟.多型论:民族经济在云南[M].北京:民族出版社,2002:76.

帮,能为云南少数民族经济研究提供典型范例与素材。

2.现实层面

一是对云南如何加快发展,探索具有云南特色的发展道路与模式提供直接的启示与借鉴。尽管马帮是个民族经济的历史现象,在今天的云南很难见到,但这并不意味着马帮在云南已经彻底消失及毫无意义可言。相反,在非常时期,马帮仍是重要的应急方式。深深扎根于云南省情的马帮,要让它完全退出人们的视野并不容易。同时,它是我们今天探索如何发展云南经济的一面镜子,启发和指引着我们应当选择什么样的发展道路与模式。二是对我国其他少数民族地区探索适合当地实际的少数民族经济发展道路提供借鉴。我国是一个统一的多民族的国家,少数民族种类多、分布广;各少数民族及少数民族地区之间经济社会发展的环境、条件及基础差异很大。在科学发展观指导下,各少数民族及民族地区全面建设小康社会,必须坚持从自身和当地的实际情况出发,探索适合并体现当地实际情况和特色的发展模式。云南马帮就是依据云南的环境、条件及基础等实际省情产生与形成的,具有典型的原生态特征,这对我国各少数民族及少数民族地区加快发展提供借鉴和开拓思路。

二、文献综述

对于云南马帮,国内学者主要从以下两个方面进行了深入研究:

(一)从民族文化的角度

马帮运输贯穿于云南有文字记载以来的文明史,和云南的以及云南临省、邻国的政治、经济、军事、意识形态一直发生着特殊的关系,由此一种特殊的文化现象——马帮文化产生了。历史研究表明,马帮文化不仅是云南交通文化的宝贵财富,同时也是整个云南民族文化生成的重要基石之一。这一点,有很多从事民族文化研究的学者注意到了,出版了一批有分量和影响的以马帮文化为研究对象的专著。比如,王明达、张锡禄共同撰写的《马帮文化》(云南人民出版社 1993 年版),从马帮在长期营运过程中形成的特定文化的角度,探讨了云南马帮的历史以及马帮这一特殊的运输组织和贸易经营组织的特征。李旭撰写的《藏客:茶马古道马帮生涯》(云南大学出版社 2000 年版),在田野调查基础上进行研究,主要运用人类学调查访谈方法,以主人公——老马锅头赵鹤年老先生所讲述的经历为个案,并参考和引用了其他一些走过茶马古道的老人的讲述和对此作过研究的学者们的文献,以及作者本人三次进藏的感受和体验,真实地再现出那一段历史和那一种生活,作为对那些可歌可泣的马锅头和赶马人、那一条让人魂牵梦绕的路、那一种可能永远不会再有的生存方式的一种纪念。木祥撰写的《丽江马帮》(云南人民出版社 2001 年版),不是一部从理论上阐述马帮的书,作者更注重的是马帮的生活实录,鲜活地再现了丽江马帮的真实、感人故事。胡阳全撰写的《云南马帮》(福建人民出版社 1999 年版),对云南马帮作了系统的区域性的文化透视,以期对云南社会群体和社会阶层的研究有进一步的认识;作者选择云南历史上特定时期具有明显区域特征的马帮人群加以文化透视,力图透过对区域乡土背景、各地人群的精神生活和心理世界的把握,由下而上地展开对云南社会深层结构的剖析。还有,木弘霁的《茶马古道上的民族文化》(云南大学出版社 2003 年版),宣绍武的《茶马古道亲历记》(云南民族出版社 2001 年版),钟颖、刘琨的《古道苍茫——亲历茶马古道》(云南民族出版社 2004 版),蔡国荣的《重走马帮路:2005 赶马进北京》(云南科技出版社 2007 年版),等等。

(二)从历史(特别是经济史)的角度

云南马帮起源于何时,今天已很难准确回答。马的存在及其活动,在云南几乎可以追溯到有文字记载的历史。马或骡马作为运输工具的历史,可以追溯到远古时代。有组织的马帮队伍的出现,可能是在秦汉时期与西南丝绸之路的开通相伴而生的。云南马帮悠久的历史,引起了学者们的浓厚兴趣,很多学者从历史、特别是经济史角度对近代以来的云南马帮进行了深

入研究。这主要体现在:(1)对 1889 年蒙自、河口、思茅、腾越、昆明相继开
埠通商至 1919 年期间的马帮情况进行了研究。比如,董孟雄、陈庆德的论
文《近代云南马帮初探》(《经济问题探索》1988 年第 6 期)介绍了云南近代
马帮的兴起、组织结构,以及云南近代马帮与商品经济的发展、与工商资本
的关系;张越的《近代云南马帮的发展及其对云南经济的影响》(《文山师范
高等专科学校学报》2006 年第 1 期),介绍了近代云南马帮发展概况、马帮
商团化及马帮衰落的渊源,并概括了马帮对云南近代经济的影响。(2)在
研究云南近代对外交通及对外贸易的著作中,对云南马帮运输也有论述,如
陆韧的《云南对外交通史》(云南民族出版社 1995 年版)、吴兴南的《云南对
外贸易史》(云南大学出版社 1998 年版)以及申旭的《中国西南对外关系史
研究》(《中国西南对外关系史研究:以西南丝绸之路为中心》(云南美国出
版社会 1994 年版)等。这些论著在论及云南近代对外交通、对外贸易的发
展,以及近代以西南丝绸之路为中心的中国西南对外关系时,认为马帮运输
是云南近代陆上交通的主要运输方式,对云南对外交通、对外关系及对外贸
易的发展贡献巨大。(3)研究了民国时期云南少数民族经济发展与马帮运
输之间密切的联系。比如,杜鹃撰写的《民国时期的云南马帮驿运》(四川
大学硕士学位论文,2004 年)一文颇具代表性,该文对民国时期云南马帮的
发展状况,及其对云南经济发展的贡献,进行了深入研究。还有一些相关的
学术论文,如申旭的《回族商帮与历史上的云南对外贸易》(《民族研究》
1997 第 3 期)、马维良的《云南回族马帮的对外贸易》(《回族研究》1996 年
第 1 期)、姚继德的《云南回族马帮的组织与分布》(《回族研究》2002 年第 2
期)等,也对近代以来、特别是民国时期云南马帮的发展情况进行了描述与
分析。此外,由于马帮运输是云南民国时期主要交通运输方式,在云南省以
及各市县州的地方志中,几乎都有专章记述,但都较简略。例如,《云南省
志:交通志》、《云南公路史》、《云南公路运输史》等。(4)抗日战争时期,为
了满足战时运输需要,解决因海口封锁、铁路沦陷、公路受阻造成的交通运
输困难,国民政府决定利用民间运输工具和人力畜力从事运输,恢复马帮运
输旧制。《抗日战争中的云南马帮运输》(《抗日战争研究》1995 年第 1 期)

一文对抗战期间云南马帮的情况进行了专门研究。该文从官方和民间两个方面阐述了云南马帮运输军用物资和支援抗战的情况,对抗战时期云南马帮做出的特殊贡献进行了深入研究。

　　国外学者对云南马帮的研究,主要是从茶的产生与起源、茶的贸易的角度研究云南茶叶的种植、生产、运输、贸易情况,进而探讨以茶马古道(即西南丝绸之路)为纽带,云南乃至中国与东南亚、南亚周边国家及地区的经济文化的渊源与联系。比如,陶维英的《越南古代史》(商务印书馆1976年版),貌丁昂的《缅甸史》(云南省东南亚研究所1983年版),干乍尼·拉翁西的《关于泰族的发源地问题》(《云南民族学院学报:哲学社会科学版》1989年第2期),长泽和俊的《丝绸之路研究的回顾与展望》(《世界历史译丛》1979年第5期),等等。

　　同时,国外学者也从民族文化、特别是旅游文化角度进行了饶有兴趣的研究,以自己的亲身经历畅谈了在探访茶马古道中的所见所感。比如,马可波罗的《马可波罗行记》(内蒙古人民出版社2008年版),顾彼得的《被遗忘的王国》(云南人民出版社1992年版),埃德加·斯诺的《马帮旅行》(云南人民出版社2002年版),等等。

　　总之,学者们主要从民族文化和经济史角度对云南马帮进行了深入研究,把云南马帮作为一个民族文化现象和历史经济事件进行剖析,以期通过研究为云南民族文化的保护与发展、民族关系的加强与协调、民族旅游业的发展与创新提供借鉴与参考。

三、研究思路与方法

　　本书研究云南马帮经济变迁问题,力图在已有研究成果的基础上突出以下三点:一是充分吸收马帮文化研究的理论成果,挖掘其中反映赶马人经济活动与生活习俗特征的资料;二是对反映各个时期云南马帮运输状况的经济史料进行归纳、整理,突出马帮作为一种经济组织,其发展演化不是片段性的,而是具有历史连续性;三是通过对云南马帮组织类型与结构、运输货物与路线历史变迁的分析,体现云南马帮的少数民族经济特征,并以此为基础,揭示云南马帮的社会经济功能与价值。

为此,在研究方法上,本书重点运用以下三种方法:一是民族学的田野调查方法。云南马帮作为历史现象,在现实生活中已经很难寻觅,但通过探访茶马古道(如西南丝绸之路云南段、滇西北螺师湾十二阑干等)、马帮重镇(如思茅、大理、丽江、香格里拉等),可以真切感受到马帮的历史存在。这是了解马帮、研究马帮的第一步。二是史学的文献资料归纳、整理法。研究云南马帮,需要查阅、收集大量的文献资料,包括云南各个历史时期和各地区有关马帮的资料,对其进行归纳与整理,找出资料之间的内在联系与相关性。这是揭示云南马帮经济变迁性的关键环节。三是民族经济学研究的科学理论思维方法[①]。研究云南马帮的经济变迁,目的不仅仅是阐明云南马帮的历史演化过程及其经济特征,更重要的是揭示云南马帮的历史经济功能与价值,以及对现代少数民族经济发展可资借鉴的积极意义。

四、研究结构与内容

本书通过对云南马帮经济变迁的分析和研究,着力阐明马帮在云南产生的必然性与可能性,重点分析云南马帮组织类型与结构、运输货物与路线的历史变迁,进而揭示马帮对于云南商品经济发展、对外经济交往的重要推动作用,以及对于今后云南现代社会经济发展、特别是民族经济发展所具有的经济价值与借鉴意义。具体地说,全书除了引言和结语外,由五章组成,每章的研究思路和主要内容如下:

第一章云南马帮的产生与发展,主要包括两个方面的内容:一是云南马帮产生的自然与社会背景。云南山高水急的自然条件使水上航运成为纯粹的噩梦,山道的险峻崎岖,又根本无法行驶车辆,而云南地区自古又出虽矮小却极有耐力的山地马,这样,马帮的徒步运输就应运而生;云南是亚洲东

---

①　施正一.施正一文集[M].北京:中国社会科学出版社,2001:118.

部通往中部、西部、南部三条商贸通道的中枢,因此,云南的各民族自古就有注重商贸的传统。二是云南马帮的历史演化。归纳云南马帮的历史演化,主要分为五个时期,分别是马帮的出现、马帮的初步发展、马帮的进一步发展、马帮的鼎盛时期、马帮的衰落。可以说,云南数千年的交通运输史,基本上就是一部人背马驮的运输史。

　　第二章云南马帮的组织类型与结构变迁分析。云南马帮自秦汉以来之所以能够长期延续下来,除了其政治、经济原因和地理条件外,与其特有的组织类型与结构密切相关。主要包括两个方面的内容:一是云南马帮的组织类型分析,分别介绍了以性质为依据划分的马帮类型、以地域为依据划分的马帮类型、以民族为依据划分的马帮类型;二是云南马帮的组织结构分析。

　　第三章云南马帮的运输货物变迁分析。从严格的意义上说,没有大量的商品交换这个条件,就不可能有马帮的产生,然而,不同的历史时期,云南马帮驮运的货物也有所不同。对云南马帮运输货物的变迁分析,主要包括三个方面的内容:一是贵重物品与日常用品,分别介绍了唐宋以前以贩运贵重物品为主和唐宋以来由贩运贵重物品为主向贩运日常必需品的转变;二是走私物品与特殊物品,分别介绍了鸦片等走私物品的运输、抗战时期军用物资的运输和新中国建立后建设与救灾物资的运输;三是运输货物的运价。

　　第四章云南马帮的运输路线变迁分析。云南有文字记载以来的历史说明,云南最早的著名交通通道,都沿商道而行。归纳云南马帮的运输路线,主要分为五个时期:一是秦汉时期的西南丝绸商路,分为五尺道、南夷道和灵关道;二是南诏大理国时期的商贸路线;三是元明清时期的驿站,包括元朝的站赤、明朝的驿站和清朝的站铺;四是近代及民国时期马帮运输的四大干线,包括滇西干线、滇东干线、滇西北干线和滇南干线;五是新中国建立后马帮运输路线的衰亡。

　　第五章云南马帮的社会经济功能变迁分析。马帮对云南民族地区的经济发展起着不可替代的作用。历史上,云南民族地区主要依托马帮运输,如果没有马帮运输,对内就不可能有云南与四川、贵州、西藏、广西等省区间的经济、文化往来;对外也不可能有中印、中缅、中泰、中越间的经济文化交流。对云南马帮的社会经济功能变迁分析,主要包括三个方面的内容:一是马帮对云南商品经济发展的历史推动作用,分为马帮与秦汉时期云南商品经济的初步发展、马帮与南诏大理国时期云南商业经济的恢复发展、马帮与元明清时期云南商品经济的繁荣和马帮与近代及民国时期云南商品经济的进一步发展;二是马帮对云南对外经济交往的历史贡献,分为云南马帮与滇缅贸易、云南马帮与滇印贸易和云南马帮与滇泰贸易;三是马帮对云南现代社会经济发展的经济价值与借鉴意义,包括马帮是云南社会经济非常时期的重要应急方式、以马帮文化为内容的旅游经济潜力巨大和马帮是云南现代民族经济发展的重要借鉴。

第一章 云南马帮的产生与发展

"山间铃响马帮来",这是对云南马帮历史的生动描述。云南特殊的自然环境和社会条件,造就了云南马帮的产生。云南马帮起源于何时,今天已很难准确回答。但马或骡马作为货物运输工具,可以追溯到远古时代;有组织的马帮队伍,在秦汉时期的西南丝绸之路上已经出现。由此,马帮贯穿着云南数千年的文明史。

一、云南马帮产生的自然与社会背景

(一)山高水险的地形地貌

云南地处祖国西南边疆,是一个高原山区省份,全省面积有 38.4 万平方公里,山地面积约 32.3 万平方公里,占全省总面积的 84% 左右,[①]而且这些山地是受许多河流水系切割的高原山地。"西北连接康藏高原,高山峻岭,嵯峨纵列,迤逦而南,倾向东南,渐下渐展,亦渐低下,山岭盘错,布满全境,山间分散着河谷及盆地,构成的地形,可称为山脉高原"。[②] 全省地形以元江谷地和云岭山脉南段的宽谷为界,分为东西两大地形区。东部为云南高原,西部则是横断山脉。云南高原为云贵高原的主体部分,主要山脉有北部的乌蒙山,中部的梁王山、牛首山,东南部的六韶山等,大致向东北、西南方向展布。高原海拔由北部的 2000 米下降到南部的 1600 米左右,高原多

---

① 中共云南省委政策研究室.云南省情:1949—1984[M].昆明:云南人民出版社,1986:12.
② 方国瑜.云南地方史讲义[M].昆明:云南广播电视大学,1984:4~5.

呈浑圆状的丘陵和低山,且分布有许多断陷的盆地和湖泊。高原南北边缘被江河强烈切割,支流纵横,山河相间,使地形较为破碎。在西部横断山脉地区,山脉有高黎贡山、怒山、云岭等高大而狭长的山脉,河流有怒江、金沙江等。其北段山高林密,南段为横断山余脉,主要有云岭余脉衰牢山和无量山,怒山的余脉大雪山和邦马山、老别山,高黎贡山的西部分支和槟榔山等。全省海拔 2500 米以上的主要山峰有 30 座。江河的主流顺着北高南低的山势,从北流向东南,随着地势的缓降,河谷逐渐宽广。

总体上,云南地形地貌有五大基本特征:一是高原呈波涛状。全省相对平缓的山区只占总面积的 10% 左右,大面积的土地高低参差不齐,纵横交错起伏,但在一定范围内又有零散起伏和缓的高原面。二是高山峡谷相间。主要分布在滇西北、滇东北和滇南部分地区,其中以滇西北最为典型。滇西北地处横断山脉,是云南主要山脉的策源地。高黎贡山为缅甸伊洛瓦底江的上游恩梅开江与缅甸萨尔温江的上游怒江的分水岭,怒山为怒江与老挝湄公河的上游澜沧江的分水岭,云岭自德钦至大理为澜沧江与长江上游金沙江的分水岭,各江从北向南强烈下切,形成了高山峡谷相间的地貌形态。这里的山岭和峡谷相对高差超过 1,000 米。经常可以看到,在十余公里的狭小范围内,气候由亚热带干热河谷到冰雪世界,谷底亚热带干燥气候,酷热如蒸笼,山腰则清爽宜人,山顶却终年冰雪覆盖,自然景色竟相当于从广东到黑龙江跨过的纬度。三是全省地势自西北向东南分三大阶梯递降。滇西北的德钦、香格里拉一带是地势最高的一级梯层,海拔在 3000 米至 4000 米之间;滇中高原为第二梯层,海拔在 2300 米至 2600 米之间;南部、东南和西南部为第三梯层,主要是 1200 米至 1400 米的低山,盆地河谷海拔则在 1000 米以下。四是断陷盆地星布。在云南辽阔的山地和高原间,还镶嵌着大小不一、形态各异的山间盆地。它们有的成群成带分布;有的孤立地分散在辽阔的山地和高原之中;有的按一定的方向排列,有的则无明显方向。这种山间盆地和高原台地,在云南一般习称"坝子",通常是城镇所在地及农业生产的主要区域。五是河川湖泊纵横。云南境内有六大水系,共有河流600 多条,其中重要河流有 180 多条,加上 40 多个天然湖泊,构成了山岭纵横,水系交织,河谷渊深,湖泊棋布的特色。① 如《新纂云南通志·交通考二》中所说,"贯穿云南之河流,北有金沙江、东有八大河,西南有红河,西有澜沧江、怒江,皆河川中比较大者,惟当地上游,岸高峡急,即泥淤流浅,航运不能畅行自如,仅一部分得享其利。""故云南之江河,富于水能,而少虞舟楫之利。"②

云南这种特殊的地理环境,使得历史上的云南运输主要依赖人力和畜力。尽管水路的运输效益一般要高于陆路运输,但云南境内的水运并不发达。一些内陆湖泊,大都仅毗连几个县市。如滇池,仅沟通环湖的昆明、昆阳、晋宁、呈贡、安宁等五市县;洱海则连接着大理、邓川、洱源、宾川、凤仪五县;澄江、江川、华宁三县则环围着抚仙、星云两湖。小的湖泊仅联通一两个县。如阳宗海,仅在宜良县境内;又如异龙湖,仅沟通建水和石屏两县。而云南西部的澜沧江、怒江,西南面的红河,北面的金沙江等,虽然河流众多,但这些河流多数滩多流急,河床起伏大,难于行船,更无法形成水上运输线。

因此,云南的交通运输主要是陆路,而陆路运输的环境也极为险恶。由于地处高原,除了东面与贵州的海拔相当外,北、西、南三面山脉连绵,河谷纵横,不仅海拔高,而且道路起伏很大。在高山峡谷中还有许多十分险峻的"单边路",即一边是紧贴直插云天的悬崖峭壁,另一边则是濒临刀劈斧削般的深涧。"上高山则疑为登天,下陡坡则几同赴壑"③

清代的杜昌丁,江苏青蒲人,曾以学使身份两度巡视滇西。他从昆明出发,然后跟随马帮沿茶马古道一直走到西藏的洛隆宗。他对滇西北螺师湾十二阑干路况艰险做过形象描述:"十二阑干为中甸要道,路止尺许,连折十二层而上。两骑相遇,则于山腰脊先避,俟过方行。高插天,俯视山沟深万丈,丽江雪山,巍然对峙,古木苍崖,目不绝赏,然绝险为平生未历。……至梅李村,险仄较十二阑干逾十倍,宽不及尺,平不及丈,左绝壁,右深渊,出

---

① 中共云南省委政策研究室.云南省情:1949—1984[M].昆明:云南人民出版社,1986:5—7.
② 周钟岳.新纂云南通志·交通考二[M].卷57,民国33年修.
③ 周钟岳.新纂云南通志·交通考二[M].卷57,民国33年修.

口以来,所称最窄最险,莫过于此。"①

在这样复杂艰险的地理条件下,要进行中长途批量货物运输,单人匹马很难成行,马帮便成为适应云南地区复杂地理环境而产生的特殊交通运输组织。因此,"山间铃响马帮来",是新中国建立前云南交通运输状况的真实写照。

(二)注重商贸的传统

在中国古代,中央王朝的统治阶级为了维护其阶级统治,历来主张并奉行"重农抑商"政策,即重视并提倡发展农业生产,而抑制和人为操纵商业活动。由此,商业在中国历史上是一个很隐晦的行业。传统观念认为,为商业而奔波,不同于为耕作而操劳,商业的目的是商贸赢利,这在"存天理,灭人欲"的道德环境下是不太光明的,商人与"奸"字似有不解之缘。

然而,在中国,也有与中央王朝奉行"重农抑商"政策截然不同的地区,那就是云南。云南的各民族自古以来就有重商的传统,这不仅体现在社会发展程度较低民族频繁的原始物物交换活动,也体现在社会发展程度较高民族发达的商品交换活动。

所谓物物交换,就是以物易物,是商业活动的原始初级形式,即不是以货币作为交换媒介,而是以产品作为直接交换的一种形式。马克思指出:"物物交换这个交换过程的原始形式,与其说是表示商品开始转化为货币,不如说是使用价值开始转化为商品。交换价值还没有取得自由姿态,它还直接和使用价值结合在一起。"②截至1949年为止,云南的独龙、怒、傈僳、景颇、佤、布朗、基诺、拉祜、德昂等民族还保存着物物交换的原始交换形式,交换物有黄牛、猪、羊、铁器、盐巴、粮食、麻布等。比如,到1950年解放时,怒江地区的傈僳族、怒族还盛行以物易物的原始交换。在各村寨间,黄牛、铁刀、铁锅、铁三脚架是人们在物物交换中必不可少的交换物。特别是黄

---

① [清]杜昌丁.藏行纪程[A].//方国瑜.云南史料丛刊(卷10)[C].昆明:云南人民出版社,1990:193—207.

② 马克思.政治经济学批判[M].北京:人民出版社,1961:22.

牛,除了犁地之外,在买卖土地、买卖奴隶、娶妻、祭鬼时都要以黄牛为实物。当时,一头黄牛可以买到三亩耕地;娶妻时要以黄牛为聘礼,一个貌美体健的姑娘可值八头黄牛;一个年轻的奴隶可值五头黄牛;每逢重大祭祀,要杀黄牛祭鬼。因此,黄牛起到货币、聘礼、买卖奴隶和祭品等作用,甚至在一些初级市场上起到一般等价物的作用,人们往往把黄牛作为各种重大商品买卖的计价标准单位。又如,居住在金平县和景东县的苦聪人,他们在向其他民族交换物品时采取一种特殊的无人交换方法,即:交换者将兽皮、山货放在竹箩中,置于路旁,其本人隐蔽在路旁的草丛中。外来交换物品的商人(多数是哈尼族、彝族群众)将竹箩内的兽皮等物品取出,把大体相等数量的食盐、铁器、旧衣服、银饰等置于竹箩中,然后便离开。这时交换的售货人走出草丛清点物件。如果大体相等,便会置一标记,离开现场;如果交换货物之间悬殊太大,下次便不再交换,另选地址。①

居住在洱海、滇池平坝地区的白、彝、纳西、回等少数民族,由于社会发展程度较高,对内对外商业交往频繁,商贸活动丰富多彩。这主要体现在:(1)这些地区很早就实现从物物交换过渡到商品交换,以贝币为代表的货币畅通无阻。在云南滇池地区晋宁、江川两地发掘的西汉时期的古墓群中,出土了大批的海贝。对于这些海贝的性质及时期,云南学者杨寿川认为,它们"不是装饰品,而是适应当时商品交换的需要而出现的一种货币,是古代滇池区域最早使用的货币。""这种贝币,不仅流通于以滇池为中心的广大地区,而且在滇池与邻近民族或部落的商品交换中也可能用来作为媒介。"②(2)与中原汉族以及周边少数民族的经济交往持续不断。自从秦代修筑"五尺道"和汉代贯通"西南丝路"以来,云南与中原汉族及周边少数民族之间的交往和联系从未中断。这种联系的主要内容就是经济交往、商贸往来。南诏大理国时期,少数民族政权实行鼓励商品生产的政策,商业兴盛,与内地的交往频繁,"茶马互市"已经久负盛名。《新唐书·南诏传》中

---

① 杨毓才.云南各民族经济发展史[M].昆明:云南民族出版社,1989:96.
② 杨寿川.云南用贝作货币的起始时代[J].思想战线,1981,(5):11.

记载:"不徭役,人岁输米二斗,一艺者给田,二收乃税。"①当时输往内地的商品有马、羊、鸡等畜禽,刀、毡、甲胄、漆器等手工艺品,以及麝香等药材;同时从内地购入书籍、缯帛、瓷器、沉香、药材及奇巧的手工艺品等。到了明清时期,由于"移民屯田"和"改土归流"政策的推行,云南与内地的联系更为紧密,商贸活动也更为频繁。(3)形成了很多以商贸活动为主要内容的民族节日。以大理地区为例,白族的"三月街"就是历史长期形成的滇西地区一年一度的集市节庆,每逢农历三月十五日至二十日为集中交易日期,久负盛名。明代的李元阳在《云南通志》中写道:"三月十五日在苍山下贸易各省之货。自唐永徽间至今,朝代累更,此市不变。"明代徐霞客在《滇游日记》中也有生动描述:"十五日是为三月大市街子之始。盖榆城有三月街市之,聚设于古演武场中,其来甚久。自此日开始抵十九日始散,十三省物无不至,滇中诸彝物亦无不至。"②除了"三月街"外,还有八月十五日的"渔潭会"、七月的"松桂会"。同时,不同的集市所交易的商品也有侧重,如"三月街"以交换药材、牲畜为大宗;"渔潭会"以衣服、木材、家具等为主;"松桂会"则以骡马等牲畜的交易为主。(4)很多少数民族妇女擅长经商,如大理、丽江的白族、纳西、彝、回等民族。在丽江,开店做生意的大部分是纳西妇女,她们以勤劳、精明、善于经营赢得男人的尊敬。③ 大理、剑川的妇女常背着针线等日杂用品进丽江、中甸等地,换回皮毛、药材等;有的则背运木器家具到大理、下关等销售;还有的背着各种杂货深入山区和农村,收购香茵、药材等山货和各种农副产品,促进了边远地区、山区农村商品经济的发展。

(三)骡马的饲养与驯化

云南自古以来盛产良马,养马、驯马历史久远。早在青铜时代早期,在剑川海门口西湖遗址中(约为公元前12世纪),开始发现经古生物学家鉴定为驯养种的马骨,这种马属"蒙古马"类型。此后,又在德钦纳古石棺墓

---

① [宋]欧阳修,宋祁.新唐书·南诏传[M].卷二百二十二,北京:中华书局,1975:六二七〇.
② 王明达,张锡禄.马帮文化[M].昆明:云南人民出版社,1993:80.
③ [俄]顾彼得.被遗忘的王国[M].李茂春译,昆明:云南人民出版社,1992:124—135.

中出土了公元前 9 世纪初的圆形铜牌饰,在德钦永芝石棺墓出土公元前 5 世纪的马饰铜泡。这些考古发现表明,到春秋战国时期,云南的养马已经比较普遍了。[①] 在祥云大波那、晋宁石寨山出土的青铜器中,发现了大量马的模型。从马的特征来看,马是常鬃,身材较矮,这是云南马的重要特征。从来源上考察,这种马应和分布在西北和北方广大地区的蒙古马同是"普氏野马"的后裔。但它是在我国西南地区首先驯化和培育成功的,身材矮小,却非常耐劳,适应于山区运载。这种马的培育成功,是西南远古民族一大贡献。[②]

秦汉以来至清代,云南的养马业得到不断发展,马的饲养、驯化技术不断进步。汉代,中原封建王朝向云南索取的贡品之一就是云南马。据《华阳国志·南中志》记载,汉武帝时期,司马相如从益州郡"得牛、马、羊属三十万"[③]。东汉建武二十一年(45 年)刘尚在益州"得马三千匹"[④]。魏晋南北朝时期,虽然中原战乱不止,南中大姓、夷帅也争霸不休,云南与内地联系较少,但云南的养马业仍有相当发展,中央王朝索取的云南马不仅量大,"动以万计";晋代西南"巴滇马"闻名于世。如"竹林七贤"之一的王戎"如乘巴滇马"。[⑤]

南诏时期,云南养马业进一步发展,各地普遍养马。"马出越睒川东面一带,冈西向,地势渐下,乍起伏如畦畛者,有泉地美草,宜马"[⑥]。"北自曲靖州,西南至宣城,邑落相望,牛马被野"[⑦]。云南各族人民还摸索、总结出许多行之有效的养马技术,如把幼马养成分为"一年后纽莎为拢头縻系之、

---

① 张增祺.古代云南骑马民族及其相关问题[A].//云南省博物馆.云南青铜文化论集[C].昆明:云南人民出版社,1991:263.

② 汪宁生.中国西南民族的历史与文化[M].昆明:云南民族出版社,1989:134—135.

③ [晋]常璩著,汪启明,赵静译注.华阳国志·南中志[M].成都:四川大学出版社,2007:178.

④ [宋]范晔.后汉书·南蛮西南夷传[M].卷八十六,北京:中华书局,965:二八四七.

⑤ 汪宁生.中国西南民族的历史与文化[M].昆明:云南民族出版社,1989:135.

⑥ [唐]樊绰撰,赵吕甫校释.云南志校释·云南管内物产[M].卷七,北京:中国社会科学出版社,1985:276.

⑦ [唐]樊绰撰,赵吕甫校释.云南志校释·名类[M].卷四,北京:中国社会科学出版社,1985:127.

三年内饲养以米清粥汁、四五年稍大、六七年方成就"四个阶段,并分"野放"和"槽枥"两种饲养方式。"一切野放,不置槽枥。唯阳苴咩及大厘、登川各有槽枥,喂马数百匹。"①

大理国时期,大理马因品质好美名传之海内,通过与宋朝在邕州(今广西南宁)和黎州(今四川汉源)设立贸易市场,大理每年向内地卖马数千匹,列交易商品之首,对内地经济和军事的发展起了极其重要的作用。据考证,宋代从四川买去的"羁縻马"中有一部分是来自大理国,从广西买去的"广马"中绝大部分也都是云南马。这些马买去之后,一度在饶州(今江西省鄱阳湖地区)等地设立牧监豢养,令其繁殖。而其中大部分立即投入战争,交付前线将士使用。如绍兴二年(1132年)"赐韩世忠广马七纲。"②《岭外代答》记广西经略司买马主要来自大理。宜州买马条云:"马产于大理国,大理国去宜州十五程尔。不得而通。故自杞、罗殿,皆贩马于大理,而转卖于我者也。"范成大的《桂海虞衡志》载:"蛮马,出西南诸蕃,多自毗那、自杞等国来。自杞取马于大理,古南诏也,地连西戎,生马尤蕃。大理马,为西南蕃之最。""澳戏街蛮马,皆出大理国,唯地愈西北,则马愈良。""马,自杞国以锦一匹博大理三马,金镯一两博二马。"③

元代,元王朝在云南建立了行省,通过北方马品种与云南马的杂交,云南马的品质得到进一步提高,成为支持元王朝领土扩张战争的重要"国马"之一,不仅大量输入中原,还贩售到印度。大德四年(1300年)元派兵二万人征"八百媳妇"(中心在今泰国景迈一带),"敕云南省每军十人给马五匹"。十人供马五匹,仅在这一次战役中云南地区即需供马一万匹,其时云南民间马匹数量之多,亦由此可见。④ 意大利著名旅行家马可·波罗当时曾游历过云南,对云南马有着深刻的印象。"云南省及广西地产健马,躯小而健,贩售印度,然应知者,人抽取其筋二三条,俾其不能用尾击其骑者。"

① [唐]樊绰撰,赵吕甫校释.云南志校释·云南管内物产[M].卷七,北京:中国社会科学出版社,1985:276.
② 汪宁生.中国西南民族的历史与文化[M].昆明:云南民族出版社,1989:139.
③ 杜鹃.民国时期的云南马帮驿运[D].四川大学硕士学位论文,2004:11.
④ 汪宁生.中国西南民族的历史与文化[M].昆明:云南民族出版社,1989:141.

他从建昌州(今西昌地区)渡过金沙江前往"鸭赤"(今昆明)的五天行程中,见沿途有"环墙之城村甚众,是一出产良马之地",又"哈剌章州(今大理地区),亦产良马,躯大而美"。①

明代,云南养马业已经遍及全省各地,输入内地的马匹更多,除了每年向中央王朝贡马居全国之首外,明王朝还在四川设立"茶马司"推进茶马互市,规定"上马茶百二十斤,中马七十斤,下马五十斤",每年要向云南各地以茶、盐、布匹易马数千匹;战争时期还要增购大量马匹。如《明实录·洪武录》记,洪武十七年(1384年),原属云南的东川、乌蒙(今昭通)、芒都(今镇雄)和乌撒(今贵州威宁)划归四川布政司使管辖,"乌撒岁易马六千五百匹,乌蒙、东川、芒都皆四千匹。凡马一匹给布三十匹,或茶一百斤,盐如之"。洪武十九年(1386年)因有战事,明廷便命人"赍白金二万二千六百五两,往乌撒等处市马,得马七百五十五匹。"又如《明实录·永历实录》记载,永历一朝二十二年中,云南及其周边地区贡马者共七十四次。贡马者除原来盛行养马的滇池、滇东北、滇西白族、彝族、纳西族等民族地区外,麓川(今瑞丽)、孟定(今耿马)、车里(今西双版纳)、潞江(今保山潞江坝)等傣族地区也开始贡马。② 至此,云南养马几乎遍及全境。据考证,当时云南贡马之多,为全国之冠。③

清代,虽然由于内地需要马匹减少,云南的贡马不如明代,但云南养马业仍继续向前发展,养马业已经成为云南各民族人民的传统习俗。"南中民俗,以牲畜为富,故马独多。以群为名,或百为群,或数百及千为群;论所有辄曰有马几何群,牛与羊几何群;其巨室几于以谷量马牛,凡夷俗无处不然。"④

由上可见,养马业之所以在云南长盛不衰,是因为云南各族人民在长期的社会生产活动中,根据云南特殊的地理环境,因地制宜,充分利用了自然

---

① [意]马可波罗.马可波罗行记[M].冯承钧译,呼和浩特:内蒙古人民出版社,2008:459,466.
② 周钟岳.新纂云南通志·特产考[M].卷4,民国38年铅印本:8226.
③ 汪宁生.中国西南民族历史与文化[M].昆明:云南民族出版社,1989:142.
④ 周钟岳.新纂云南通志·特产考[M].卷4,民国38年铅印本:8226.

资源。云南地形复杂,气候多种多样,有些山区和半山区经营农业可能是不经济的,却为发展畜牧业提供了广阔的天地。云南悠久而发达的养马、驯马历史,也为云南马帮的产生、发展和繁荣奠定了坚实的基础。

二、云南马帮的历史演化

(一)秦汉时期马帮的出现

云南马帮到底何时形成,目前还缺乏可靠的史籍资料和实物资料来加以论证。早在秦汉时期,云南和四川的商人,就将四川的金、银、铜、铁、丝织品,用马驮运到云南各地;而云南输往内地的则是筰马、僰僮(即奴隶)。据此推测,至少在秦汉时期,云南马帮已经形成了①。

到了西汉中期,全国商业交通大发展,据《史记·货殖列传》记载,从内地到边疆"富商大贾周流天下,交易之物莫不通,得其所欲"。② 根据云南的地形地貌推断,如果当时云南的商人不依靠马帮作为其运输方式,是不可能出现云南与内地间频繁商品往来的。也正是有了马帮这种运输方式,在云南才出现了"栈道千里,无所不通"③的情况,才有了四川的铁制农具输入云南和贵州。如昭通地区考古发现刻有"蜀郡千万"、"蜀郡成都"字样的铁器,就是从"五尺道"(秦代修建,北起今四川宜宾市,南抵今云南曲靖市)输入进来的,这种铁制工具已被用于滇东北地区的垦殖。而朱提(今会泽)出产的白银和堂狼(今巧家)的铜器,则由云南马帮源源不断地顺着五尺道驮运进入中原。近年在陕西、山东、四川、浙江等地先后出土有纪年、地名铭文的朱提、堂狼铜器五件,就是最好的物证。这五件铜器包括:山东苍山柞城遗址出土的"永元二年(公元90年)堂狼造"铣;湖北江陵东汉晚期墓出土

---

① 胡阳全.云南马帮[M].福州:福建人民出版社,1999:29.
② [汉]司马迁.史记·货殖列传[M].卷一百二十九,北京:中华书局,1959:二三六一.
③ [汉]司马迁.史记·货殖列传[M].卷一百二十九,北京:中华书局,1959:二三六一——二三六二.

的"和平二年(公元 151 年)堂狼造"铜斗;陕西勉县东汉墓出土的"元兴元年(公元 105 年)堂狼作"铣;四川宜宾出土的"建初四年(公元 79 年)朱提造作"铣、"延平元年(公元 106 年)堂狼造作"铣①。朱提银还成为流通全国的特有货币,由于成色好,其价值高出其他银子 58%。《后汉书·地理志》说工:"朱提银重以八两为一流,值一千五百八十(铜钱),他银一流,值一千。"此外,在五尺道沿线的汉墓中,发现了为数不少的汉五铢钱,乃是"光绪中与孟孝琚碑同地出土"。②

对于西汉时期云南马帮的存在及发展情况,当时的一首《行人歌》可资参考。《华阳国志》云:"孝武时通博南山,度兰沧水、耆溪,置嶲唐、不韦二县。……行人歌之曰:'汉德广,开不宾。渡博南,越兰津。渡兰沧,为他人。'"③其中的博南山就在今天云南大理地区的永平县西。兰津即澜沧江。兰津桥即横跨于今永平县岩洞与保山市平坡之间的霁虹桥。博南古道是以马帮为主的山区便道。千百年来,不知有多少马帮从此过往。现在还可清晰地看见,在沿途坚硬的岩石便道上,留下了一串串深深的马蹄印记。这是历史的见证。

东汉末至三国、两晋、南北朝时期,"西南夷"地区被称为"南中"或宁州。虽然这段历史时期内地一直是军阀割据,战乱不断,封建王朝对云南的统治只是流于形式,但由于云南马帮的作用,民间的经济文化交流从未中断。如,从汉以后到隋唐以前这段时间发展起来的云南重要的马帮商路之一"步头路"(步头在今红河州建水南部④)就是一例,它把建水、通海、安宁这些重镇连接起来。樊绰的《云南志》中说:"安宁城中为石盐井,劝百姓自煎……升麻、通海以东诸爨蛮,皆食安宁盐。"⑤安宁产的盐,就是由马帮从

---

① 胡阳全.云南马帮[M].福州:福建人民出版社,1999:30.
② 胡阳全.云南马帮[M].福州:福建人民出版社,1999:30.
③ [晋]常璩著,汪启明等译注,吴迪等校订.华阳国志·南中志[M].成都:四川大学出版社,2007:188.
④ 方国瑜.滇史论丛(第一辑)[C].上海:上海人民出版社,1982:186.
⑤ [唐]樊绰撰,赵吕甫校释.云南志校释·云南管内物产[M].卷七,北京:中国社会科学出版社,1985:262—263.

这里运销各地,并由步头充当交通要冲,成为安宁盐集散地①。

(二)唐宋时期马帮的初步发展

　　南诏时期,中央的唐政权于邕州(今广西南宁)置市马场,除前去市马的彝族和白族商人外,还有不少的彝族、白族马帮将南诏的茶、麝香、鹿皮、豹皮、漆器驮往邕州同内地进行交换,又将内地的铁器、瓷器、丝织品驮入云南。据史料记载,西藏人民的饮茶习俗是唐朝文成公主入藏传入的,自古以来就有饮茶习俗。由于茶具有提神醒脑、清心降火的功效,历来是佛道修炼打坐时的理想饮品。又据现代科学技术检测分析,茶内含有铁、锰、铝、钾、钠、钙、磷、镁等多种无机矿物质和多种酚类、生物碱、糖类、蛋白质、氨基酸、维生素、酶等营养成分,因而茶成为以肉食、乳食为主,并缺少蔬菜的牧区少数民族不可缺少的日常生活必需品。他们靠饮茶去油腻、净荤腥、助消化,补充身体所需养分。正因如此,藏区对茶的需要十分迫切,需求量也愈来愈大。因云南、四川盛产茶叶,所以,唐中叶以后,便有马帮冒险翻越雪山贩运滇茶、蜀茶,从而开创出贯通川滇藏的茶马古道。

　　唐代的一首古老的歌谣,生动地记述了云南白族商帮们不辞辛劳地通过博南古道从洱海地区到傣族地区做生意的情形。樊绰的《蛮书》中所记载的《河赕贾客谣》说:"冬时欲归来,高黎共上雪,秋时欲归来,无那穿赕热。春时欲归来,平(又为襄)中,赂赅绝。"②歌谣中的"高黎共",即今之高黎贡山。《读史方舆纪要·卷一一三》注释说:"高黎共山在永昌府腾越州东北一百二十里,一名昆仑冈,夷语讹为记良公山(亦作高黎贡山)。东临潞江,西临龙川江。左右有平川,名为湾甸(今山之东南,即湾甸州也)。山上下东西各四十里,登之可望吐蕃雪山。草卉障翳,四时不凋。瘴气最恶。冬雪春融,夏秋炎炽。山顶有泉。东入永昌,西入腾越,故又名分水岭。蒙

　　① 胡阳全.云南马帮[M].福州:福建人民出版社,1999:30.
　　② [唐]樊绰撰,赵吕甫校释.云南志校释·山川江源[M].卷二,北京:中国社会科学出版社,1985:65.

氏封为西岳。……其山延袤数百里,当走集之道,战守要道也。"①"穹赕"是白族语,指地名,在今腾冲、芒市一带。"络赂"也是白族语,指财物。"河赕贾客"就是指唐代西洱海地区白族先民中的商客,这些商客多是马帮行商,从洱海地区出发,赶着骡马,驮着货物翻越高黎贡山到今天的缅甸及云南与缅甸交界的芒市、畹町一带做生意。整个歌谣,反映了白族商帮行商的艰辛和思乡之情,也表明南诏时期云南马帮运输和商业的发展。

大理国时期,由于南宋王朝与东北、西北地区的联系受到了阻碍,江南一带的物资供给不得不仰仗于云南的大理。因此,在南宋时期,云南除向南宋政权输送了大量的特需商品——战马外,云南的马帮还将云南出产的一些手工业产品、山货、药材等物资输入内地。

随着云南马帮和商业的发展,云南在唐至宋时期最终形成了两条由南诏、大理以茶马为纽带的茶马古道。一是云南的普洱——大理——丽江——中甸——西藏的察隅——波密——拉萨——日喀则、江孜、亚东、柏林山口,分别到缅甸、尼泊尔、印度;另一条是云南的中甸——康定——西藏昌都——尼泊尔、印度。其中云南中甸、四川康定、西藏昌都构成的三角地带是茶马古道网络分布最为密集的地方,也是各路马帮交汇最为频繁的地方,来自云南的滇茶和四川的雅茶与西藏的麝香、皮毛等等在这一带互市。活动于茶马古道上的马帮主要是藏族马帮、纳西族马帮、回族马帮和彝族马帮。宋代周去非的《岭外代答·卷九》载:"蛮人所自乘,谓之座马。往返万里,跬步必骑;驰负且重,示尝困乏,蛮人宁死,不以此马予人。"这里的蛮人指的就是云南的少数民族,他们骑的马是寸步不离的代步工具,可长途跋涉,可负很重的物资,是宁死不予人的宝贝。这说明了马与人的关系是何等的密切,也说明了在宋代大理国云南的赶马史已进入到一个新的时期。②

马帮货物运输及贸易的发展,有力地促进了云南与内地间的文化交往。据《岭外代答·邕州横山寨博易场》载:大理马商与广西商人交易,"文书"

① [唐]樊绰撰,赵吕甫校释.云南志校释·山川江源[M].卷二,北京:中国社会科学出版社,1985:65.
② 胡阳全.云南马帮[M].福州:福建人民出版社,1999:23.

是重要的交换物品之一。此外,一些大理商人乘售马机会,也在广西求购内地书籍。如大理人李观音到横山寨售马,同时求购《文选》等典籍和医、释诸书。这些汉书籍,都是由马帮驮运进云南的。大理国通用的汉字,昆明地藏寺石幢《造幢记》、《护法明公德运碑》和《兴宝寺德化铭》等大理国有名的碑刻,以及大理国代表作的张胜温画卷,都是由汉字书写。有名的大理国写本佛经,也是用汉字写的。《大理行记》说:"……故其宫室、楼观、言语、书数,以至冠婚丧祭之礼,干戈战阵之法,虽不能尽善尽美,其规模、服色、动作,略本于汉。自古观之,犹有故国遗风焉。"这些记载,形象地概括了大理文化所受内地文化影响的程度。应该讲,这些影响是与马帮活动是分不开的。①

(三)元明清时期马帮的进一步发展

为了加强和方便中央政权对全国的统治与管理,元朝在全国范围内建立起驿传交通路线网,史称为"站赤"。这种全国性的驿传(站赤)网的建立,目的固然在于"通达边情,布宣号令"②,便于使节往来,而客观上却起到了沟通全国各地交通运输的作用。在驿道上往来的人,不仅只是国家使节,全国各地的商人也都通过驿道进行商品的贩运活动,从内地到边疆都莫不如此。地处西南边疆的云南省,驿传(站赤)交通网亦甚为发达。据《元史·兵志·站赤》载:"云南诸路行中书省所辖站赤七十八处,马站七十四处,马二千三百四十五匹,牛三十只。水站四处,船二十四只。"③云南驿道的四通八达,密切了云南与中央王朝之间的朝贡、粮食、矿产品及军事运输,也促进了云南矿业、工商业的发展以及军民的屯田,以及蒙古族、回族等大批牧民滇。同时,这些驿传(站赤)不仅把云南境内主要交通线上的城镇联结了起来,同时,又通过这些交通线上的城镇,联系了周围广大的区域。因此,马帮的商业经济活动已经从城镇要道开始深入到乡村山寨,对云南自然经济

① 胡阳全.云南马帮[M].福州:福建人民出版社,1999:32.
② [明]宋濂.元史·兵志[M].卷一百一,北京:中华书局,1976:二五八三.
③ [明]宋濂.元史·兵志[M].卷一百一,北京:中华书局,1976:二五八九.

的解体及各族群众商品经济意识的增强起了重要促进作用。

明清时期,中央政府承袭了元代的行省制度,马帮运输路线更加完善发达。明代,云南驿制日臻成熟,驿运网络定型,运量、运路、运域都超过了此前历代。据《明实录》统计,洪武二十一年(1386年)冬十月,云南督指挥使司所属马3545匹,马驿拥有马993匹。[①] "天启年间(1621—1627),云南有驿、堡104处,铺351处。万历年(1539—1620)时有铺460处,哨616处,关66处,巡检司104处。"[②]1382年,明皇晓谕云南各部落首领:"今置邮传通云南,开筑道路。各广十丈,准古法,以六十里为一驿,符至奉行。"到了清代,云南驿运制度更加详备,驿运发展至鼎盛。全国性(驿务)马帮运输由兵部下设的车驾司专管,各省内驿务则由按察使司管理。"《大清会典·事例》记,云南置驿85处,其中驿站19处,堡12处,军站54处,额定夫役(含马夫堡夫)1674名,驿马508匹。边情紧急时增加驿马。传递不便,便缩小区划,设置铺,全省有铺460处以上。驿站间50至60里相隔,铺与铺间相距10里至40里不等。[③]"

以马帮运输路线的完善发达为基础,随着封建地主经济在云南的确立,云南社会商品经济迅速发展起来。从马帮运输的货物看,由以往的贵重物品向盐、铜、茶等大宗物品和日常物品转变;过去那种较少的商品交换所采取的相对较小规模的马帮运输方式,此时就逐步演化成为与商品经济迅速发展相适应的较大规模的马帮运输队伍了。首先是铜的运输。东川是云南铜的主要产地之一,当时有数以万计的驮马集中在东川矿区,编为庞大的马帮运输队,由各大锅头、二锅头率领,另有官兵进行监督。在清乾隆年间,每年运输京铜600多万斤,一年分6批运完,每批运100万斤左右铜,需驮马8000匹,再加上数千名民工背运,才能完成由东川经贵州至湖南的陆路运输。这样大规模的马帮运输除由官府调集少量官马外,大部分是来自民间。

① 云南省地方志编纂委员会.云南省志·交通志[M].昆明:云南人民出版社,2001:563.
② 周钟岳.新纂云南通志·交通考一[M].卷56,民国33年修.
③ 云南省交通厅公路交通史志编委会.云南公路运输史[M].北京:人民交通出版社,1995:56.

因此,乾隆时期数以万计地驮马都集中到东川矿区,编为庞大的马帮运输队伍,各马帮在官兵监督下由大锅头、二锅头率领,将铜矿运往贵州、湖南下船。其次是盐的运输。清代云南开采的盐矿已有20余座,主要是滇中的黑井、琅井、白井;滇西的乔后井、喇鸡井、云龙井、弥沙井;滇南的磨黑井、石膏井、益香井、按板井、磨歇井等。食盐运输主要是县际之间的运输,远则五日,近则一日程。主要依靠小型马帮运输,多者百匹,少则十余匹,这是人民生活不可缺少的运输力量,因此运输马帮是这一时期商品运输中最重要的一部分。每年各县之间至少有四、五千匹驮马运盐。第三是茶叶的运输。清代乾隆、嘉庆年间,云南的普洱茶、猛库茶、凤庆茶年产量为10至20万担,这些茶叶除少数代供当地饮用外,80%作为主要商品运输省内外各县和四川、西藏,其中部分远销缅、越、老诸国。就是说,每年约有10万担茶叶要依靠马帮运输到省内外各地销售,约需50000匹驮马才能完成10万担茶叶的运输任务。上述铜、盐、茶三项,每年至少需驮马10匹次才能承担如此艰巨的运输任务。因此,从乾隆以来,云南各地的马帮不断兴起,小者十余匹,中者百余匹,大者数千匹,组成各种类型的马帮运输队伍,常年来往于县际、省际和国际(滇缅、滇越、滇老)之间,形成一支庞大的运输队伍,承担着云南主要矿产品和日常生活必需品运输的繁重任务。[①]

(四)近代马帮的鼎盛

近代,中国逐步走向半封建半殖民地社会。随着英、法等资本主义国家进入云南,适应于其倾销商品、掠夺原料的需要,云南地区的对内对外贸易急剧增长。蒙自、腾越、思茅相继开关后,大量外国工业品从三关涌入,云南的矿产和各种土特产也随之源源输出,传统的、封闭的地方市场,开始被纳入与世界市场联系日益紧密的开放性市场体系。但在滇越铁路通车以前,云南境内仍然以人畜驮运的马帮运输为主,只能通过增加驮畜数量、扩大马帮规模、加强马帮运输来适应对外贸易的发展;1910年滇越铁路全线通车

---

①　杨毓才.云南各民族经济发展史[M].昆明:云南民族出版社,1989:306—307.

后,滇东地区马帮的长途运输量大大减少,但为铁路运输服务的短途运输量仍然很大(详见表1),同时,滇西、滇西北马帮运输几乎没有受到滇越铁路的影响,长、短途运输仍然繁忙。因此,云南马帮运输业在外力拉动的对外贸易发展刺激下,在近代获得了迅猛发展,以至达到鼎盛。

表1 1914-1929年云南蒙自马帮货运量情况

年度	驮马(匹次)	货运量(吨)	年度	驮马(匹次)	货运量(吨)
1914	80976	4858.56	1922	83951	5037.06
1915	61099	3665.94	1923	78462	4707.72
1916	43173	2590.38	1924	82807	4968.42
1917	34005	2040.30	1925	73246	4394.76
1918	29379	1762.74	1926	37447	2246.82
1919	97905	5874.30	1927	21339	1280.34
1920	74900	4495.00	1928	29860	1791.60
1921	74784	4487.04	1929	39494	2369.64

资料来源:蒙自县志编纂委员会.蒙自县志[M].北京:中华书局,1995:480.

在此背景下,云南各地商人纷纷出资组建马帮,从事对外贸易,如滇中河西、玉溪、峨山一带的回族马帮,大多开始于光绪初年。到清末民初时,云南马帮开始走向了其发展的最高峰。在云南各地著名的大马帮就有凤仪帮、蒙化帮、巍山帮、丽江帮、中甸帮、保山帮、永平帮、云龙帮、顺宁帮、景东帮、思茅帮、临安帮、磨黑帮、石屏帮、沙甸帮、广南帮、开化(文山)帮、阿迷(开远)帮、元江帮、红河帮、寻甸帮、玉溪帮、通海帮、峨山帮、曲靖帮、宣威帮、鲁甸帮、昭通帮、会泽帮、金平帮等二十多个,中小马帮则数以百计,成为承担云南各地对外交通贸易的一支主要运输力。[1] 这些马帮每天行进在通往各个口岸或跨出国境的各条商道上,其运力之大,范围之广,令人瞩目。

① 王明达,张锡禄.马帮文化[M].昆明:云南人民出版社,1993:88.

从1903年至1937年云南马帮形成的四大干线运输量来看,滇西干线仅出口商品一项就包括川丝、纺丝、条丝、山货、药材、铁具、纸张、粉丝、土布、石磺、茶叶等,在腾越关一个口岸1912年的商品出口约一万二千驮,而1919年猛增到四万一千驮。滇西干线上茶叶运输专线,每年约为沱茶加工就运茶四千至六千驮;大烟与土特产运输专线每年在耿马、镇康一带与下关、保山间运货二千至四千驮;下关至西昌百货专线每年运货在六千至一万驮之间。[①]

抗日战争期间,随着缅甸的陷落及滇缅公路运输的中断,在战争后方的云南,许多战略物资和生活必需品亟待输入和输出。为支援全国人民抗战,云南各族人民又重新启用马帮运输,在叙昆干线、滇缅干线、泸昆干线等线路上积极为军队运输各种物资。据不完全统计,1939年至1945年期间,仅国民政府兵工署托永昌祥、茂恒及云兴商行等由畹町经滇缅驿运干线进口内运的物资达20092.8吨,其中兵工器材20002.4吨,棉布匹头87.5吨,小百货6吨,云南茶叶2.3吨;同时,资源委员会亦通过叙昆线将桐油、五倍子、猪鬃、黄丝、药材等总计173吨货物运至昆明,再经滇缅线由畹町出口至缅甸仰光及印度加尔各答。[②] 可以说,云南马帮作为一支特殊队伍,为保障抗战后方物资的供给与流通,为全国抗战的胜利,做出了特殊贡献。和汝恭的《丽江的商业》记载:"九一八日寇入侵,我国沿海港口被日军封锁,滇缅公路也被截断。因此国内货物大多靠国外输入;港口一被封锁,全国货物一时紧缺起来,各地商号纷纷集中到丽江来了。到丽江设号的,大一点的约七十多家。他们从印度的加尔各答收购大量匹头洋纱,由英商经营的工厂及印度腊焦经营商家手里进货,转回西里鼓里(印度锡金边界)再到帕里(中印边界)艰苦跋涉,经过喜马拉雅山下的沙粒扑面、呼吸促迫、午后不能通行的险途,才进入拉萨。到拉萨后,又要找运脚,除自蓄马帮外,找雇短程的马脚牛脚。经数十人频繁转手,又由冰霜雪路才运到澜沧江边的滚石流沙

---

① 王明达,张锡禄.马帮文化[M].昆明:云南人民出版社,1999:89.
② 马廷璧.云南战时驿运[A].政协西南地区文史资料协作会议.抗战时期西南的运输[C].昆明:云南人民出版社,1992:455.

悬岩搭桥的危险道路。沿途一少马草,二缺粮食。人困马乏,发生过不少人亡马死(的故事)……"①和志武的《近代纳西族的历史发展》中也记载:"抗日战争爆发,国内许多地区沦陷,沿海对外贸易中断,云南邻国越南、缅甸亦被日寇侵占。中、印贸易一时得到空前的发展,而丽江是内地通往西藏再到印度的必经道路,因此丽江就成为中、印国际贸易的重要枢纽之一,成为滇藏和中印贸易的货物转运站和集散地,各地商人纷纷来丽江设分号。""本地纳西族的商号和做生意的人也急剧增多。丽江的官僚和地主豪绅们也积极投资于商业,走藏区,跑印度成为发财之道。随着商业的日益活跃,丽江大研镇也日渐繁荣起来,镇北阿迎昌村成为专门接待藏族马帮的村落,不少纳西族的马锅头和小伙计,以藏装和说藏话为荣。据调查,丽江纳西族从清末以来到藏区贸易的商号约有 30 家之多,到抗日战争的鼎盛时期,大小商户共有 1200 多家,其中拥有资本一二百万元(半开银元)的民族资本家就有 10 家左右;那时,每年来往于丽江、西藏、印度的马帮约有 25000 匹,其中纳西族主要几家资本家从印度运来的货物,每年约有 4000 驮之多。他们的商业活动范围近达滇川藏交界的邻近各县,远达昆明、成都、拉萨、上海、香港和印度,真是财源兴旺,盛况空前。"②

总之,近代云南工商业的发展,洋货的大量输入,农民的破产,都刺激着马帮运输业的继续发展,而且以对外贸易为主。另外,云南山高水险,帝国主义投资者对于云南交通的投资也踌躇不前。因此,直到解放前,云南的交通运输还是以人背马驮为主,马帮一直充当着商品运输的骨干力量。

(五)新中国建立后马帮的衰落

新中国诞生以后,云南省的公路、铁路事业有了很大发展,但马帮运输在很长一段时间里仍然是一股不可忽视的运输力量。

以大理地区为例,虽然滇缅公路已经通车,但乡村腹地、特别是山区的物资运输仍然主要依靠马帮。1953 年,国家经济建设第一个五年计划开

---

① 和汝恭.丽江的商业[A].//丽江县政协文史组.丽江文史资料:第三辑[C],1986:87.
② 王明达,张锡禄.马帮文化[M].昆明:云南人民出版社,1999:25.

始,当时专员公署决定在下关成立"群众运输服务总站"(改为民间运输管理站),并在巍山、弥渡、邓川、云县、凤庆(云县和凤庆原归属大理专署)建立"分站",负责组织私营马帮,为沟通城乡物资交流服务,促进经济建设发展。1954年,又相继在祥云、洱源、漾濞、永平、云龙、大理等县建立了"分站",进一步推动了马帮运输的发展。1954年至1956年这三年,是解放后大理地区马帮运输最繁荣的时期,当时参加运输的马帮达二万八千余头,其中常年专业运输的一万五千多头,季节性运输的一万二千多头。马帮为沟通城乡物资交流服务,促进了地方经济发展。又如,建国初期修建南大公路(即现勐公路)期间,上万筑路工人所需要的生活生产物资供应是一个极大的问题,除少量汽车承担已通公路地段的运输任务外,不通公路地段的物资运输,全部由马帮承担。为了保证筑路需要,根据省政府指示,由大理专署和公路指挥部联合建立了"云、顺、缅调运指挥部",从祥云、弥渡、巍山、凤庆、云县等地动员组织了七千多驮马,来往于云县、凤庆、临沧山区村村寨寨的羊肠古道,经十个多月的努力,圆满完成了援路物资的调动任务。仅从云、顺两地山区就调出"死角粮"五千五百多万斤,另外还运到临沧七十多万斤粮食支援部队,充分发挥了马帮特有的运输作用。1950年,修筑滇藏公路大理至丽江段期间大理地方政府也成立援藏委员会,组织马帮,进藏运输支援。据1950年的统计数据,全省民间运输完成的货运量为80万吨,相当于当年汽车运输量的26倍多。①

但总体上,随着云南社会主义建设事业的发展、特别是十一届三中全会以来,随着贯通云南省内外的公路、铁路、航空及航运的建设与进一步发展,云南交通运输条件大为改善,除了在乡村、山区民间的短途运输和自然灾害等特殊情况下马帮能偶尔发挥它的余热外,以马帮为货物运输形式已经逐步走向衰败。

1999年9月,独龙江公路的修通,云南最后一支马帮解散,由此终于将马帮运输这一古老的交通方式归于历史。②

① 王明达,张锡禄.马帮文化[M].昆明:云南人民出版社,1999:25—27.
② 吴强.云南的马帮及其驿运历史的结束[N].云南日报,2001-6-20:C03.

三、结论

马帮是依据云南的自然与社会环境而产生的自适性经济组织。它的产生,具有其必然性与可能性。一方面,它是适应云南自然地理环境的产物。云南地处祖国西部世界屋脊青藏高原东南缘与西南部云贵高原的结合部位,是一个低纬度、高海拔、山地高原为主的边疆内陆省份。从地形地貌看,具有五大基本特征:一是高原呈波涛状,土地高低参差不齐,平坝少;二是高山峡谷相间,山脉与江河交错相切,地形较为破碎;三是地势自西北向东南分三大阶梯递降。第一阶梯与第三阶梯之间相差海拔 3000 米以上。四是断陷盆地星布,在云南辽阔的山地和高原上,镶嵌着大小不一、形态各异的山间盆地;五是河川湖泊纵横,境内分布着六大水系,共有河流达 600 多条,其中重要河流有 180 条,加上 40 多个天然湖泊,构成了山岭纵横,水系交织,河谷渊深,湖泊棋布的特色。这种特殊的自然地理环境,使得历史上的云南货物运输主要依赖人力和畜力;要进行中长途批量货物运输,单人匹马难以成行,马帮成为便利而经济的交通运输方式。另一方面,马帮是适应云南社会环境的产物。与内地严格奉行“重农抑商”政策不同,云南各民族自古以来就有重商传统。这不仅体现在社会发展程度较低民族频繁的原始物物交换活动,而且体现在社会发展程度较高民族发达的商品交换活动。同时,云南自古以来盛产良马,养马、驯马历史悠久。秦汉以来直到清代,云南的养马业得到不断发展,马的饲养、驯化技术不断进步,这为马帮的产生、发展与繁荣奠定了坚实的基础。

马帮,作为对按约定俗成方式组织起来的一群赶马人及其所管理的骡马运输队伍的称呼,作为一种商品与货物的交通运输方式,贯穿于云南数千年的文明史。尽管云南马帮到底何时形成,目前还缺乏可靠的史籍资料和实物资料来加以证实。但早在秦汉时期,云南和四川的商人就通过西南丝绸之路将四川的金、银、铜和铁器、丝织品等物品,用马驮运到云南各地;同时,云南输往四川和内地的则是笮马、僰僮(即奴隶)。据此推测,至少在秦汉时期,云南马帮就已经形成了。据《史记·货殖列传》记载,从内地到边疆,"富商大贾,周流天下,交易之物,莫不通得其所欲"。南诏大理国时期,随着云南地方政权与中央王朝政治、经济、文化联系与交流的加强,云南马帮得到初步发展。运输路线上,开始形成四通八达的商贸通道;运输货物上,开始由贵重物品为主向日常必需品为主转变,茶马互市日益盛行。元明清时期,以中央王朝实现对云南的有效管辖为背景,封建地主经济在云南得以确立,商品经济发展迅速,云南马帮得到进一步发展。运输路线上,建立并形成了通达全国各地的驿传交通运输网(驿站);运输货物上,以日常必需品为基础,以盐、茶、铜为大宗。过去那种较少的商品交换所采取的相对较小规模的马帮运输方式,此时逐步演化成为与商品经济迅速发展相适应的较大规模的马帮运输队伍了。到了近代民国时期,以中国逐步陷入半封建半殖民地社会和滇越铁路的修建开通为背景,云南被纳入资本主义世界市场,对外贸易迅猛发展。在外力拉动的对外贸易迅猛发展刺激下,云南马帮运输也获得了迅猛发展,以至达到鼎盛。马帮队伍上,云南各地形成了由各民族成员组成的大马帮,中小马帮数以百计;运输路线上,形成了滇东、滇西、滇西北、滇南四大运输干线,运输网深入到乡村山寨;运输货物上,以日常必需品为基础,以进出口商品为重点。

新中国建立以来,随着云南省内外交通运输条件的改善与发展,马帮作为传统落后的货物运输方式,已经完成它应承载的历史使命,由此逐步走向衰落。

第二章 云南马帮的组织
类型与结构变迁分析

云南马帮自秦汉以来之所以能够长期延续下来,除了其政治、经济原因和地理条件外,与其特有的组织类型与结构密切相关。依据不同的标准,可以从三个角度来分析云南马帮的组织类型:一是以性质为依据划分的马帮类型及其结构,主要分为官帮、民帮和商帮;二是以地域为依据划分的马帮类型及其结构,主要分为滇东马帮、滇西马帮、滇西北马帮、滇南马帮;三是以民族为依据划分的马帮类型及其结构,主要分为汉族马帮和少数民族马帮。不同的马帮类型,却形成了大致相同的组织结构与制度。

一、云南马帮的组织类型分析

(一)以性质为依据划分的马帮类型

依性质而论,云南马帮的组织类型主要分为官帮、民帮和商帮。

1. 官帮

官帮是最早出现的马帮类型,早在秦汉时期的西南丝绸之路上,就已经出现了。官帮一般由朝廷或官府出面组织,队伍庞大,有的有骡马四五百匹以上。对于秦汉时期云南官帮的情况,有记载的文献资料难以找到。就明清时期来看,云南马帮中的官帮主要有以下三种类型:

一类是由地主恶霸、土司、头人、军阀之类控制的非法商帮。这些人或遥控指挥,或与奸商相勾结,其目的主要就是为了非法谋利。例如,1917

年,云南因中英会勘烟苗而严厉禁止种烟(鸦片),当时内地各县都已禁绝,仅有少数边远区域没有肃清。由此,鸦片烟产量锐减,不但无法输出鸦片,连本省的隐君子也断了"口粮",造成鸦片烟的价格不断上涨。由于贩运烟土有厚利可图,地主恶霸或与军阀有勾结的奸商,乘机组建武装马帮,前往边区产烟的地区贩运,这种马帮又叫烟帮。如元江的迤萨帮、景东的猫街帮等,都是有名的烟帮。烟帮把烟土由边区贩运到内地,而后化整为零,分散潜藏起来,再陆续进行售卖。由于利润甚多,几趟下来,获利丰厚。①

另一类是在明清时期专运"京铜"的马帮。当时,每年由云南向中央政府输送"京铜"600万至700万斤,一年分六批运输完,每批一百万斤,共需驮马八千匹。这些"京铜"就是由政府官吏下令征派骡马,组织马帮运出去的。据史料记载,清乾隆时期数以万计的驮马都集中到东川矿区,编为庞大的马帮运输队伍,各马帮在官兵监督下由大锅头、二锅头率领,将铜矿运往贵州、湖南下船,然后再通过水路运往京城。②

再一类是在抗战时期专运抗战物资的马帮。当时,云南的运输力量远远不能满足战争对运输的要求。为了增加运量,由国民党政府投资而组织了以川滇驿道为主要驿运的马帮。1938年2月11日,为响应国民政府的"值此困难期间,对于驮运骡马,关系甚重……整顿各运输路线,藉利军运"的号召,云南省务会议做出决定,全省各县专营长途驮运业的骡马一律登记造册(不出县境者免登),照数发给牌照,才准营业,否则禁止通行。到1939年1月,全国驿运管理所成立,在全国设立的9条驿运线路中有3条与云南相关,即叙昆线、泸昆线和滇越线,云南组织起成千上万匹骡马参与抗战运输。③ 这些马帮保障了抗战后方的供给,配合了滇缅公路、泸昆干线、滇越铁路的战略物资抢运,支援了全国抗战。正如王应鹏回忆说:"被征用马帮的马锅头和赶马人都有'抗日救亡'的民族意识,主动承担前线军需物资的驮运。有时,马帮刚刚卸下货驮,马上又承接了为前线部队驮运粮、弹的任

① 胡阳全.云南马帮[M].福州:福建人民出版社,1999:56.
② 杨毓才.云南各民族经济发展史[M].昆明:云南民族出版社,1989:306.
③ 云南公路交通史志编委会.云南公路运输史[M].北京:人民交通出版社,1995:188—191.

务……有的马帮马帮昼夜兼程,不辞劳苦,有的马帮则不计驮运费,纯尽义
务。①"

2.民帮

随着马帮运输的发展,以官帮为参照,民帮随后兴起。民帮主要分为拼
伙帮和固定帮(专业帮)两种。

拼伙帮是根据货源和长途驮运安全的需要,临时拼凑组合成的马帮。
这种马帮有大有小,小的一般五匹骡子为一把,五把为一小帮,每一小帮都
有"马锅头"。无骡马的赶马人,多半是农村中的贫苦农民。被"马锅头"雇
用,仅得一份微薄的工资。在民国时期的大理地区,临时拼凑的马帮一般是
以大村子为基础,有的拼伙马帮,骡马多达三四百匹,少则也有百来匹。当
时较大的拼伙马帮有金星马帮,金星村多数人家都饲养骡马,二三匹和四五
匹不等。全村拼大帮,可组织近五百匹骡马的马帮。这类马帮,马锅头一般
由参拼骡马最多的人担任,但也有的由参拼的人轮流担任。华有才、黄老
席、王应鹏、王茂宣等都曾担任过村中的"马锅头"。临时拼成百来匹骡马
的马帮也有很多。洱源马帮仅"马锅头"赵炳南就饲养有三十多匹骡马;大
关邑马帮,临时拼帮也可组成百来匹骡马,"马锅头"王老六就有二十多匹
骡子;太和马帮,临时拼帮同样有近百来匹骡马,仅"马锅头"周正就自有二
十多匹骡马。还有周城马帮、西窑马帮、仁里邑马帮等等,凡长途驮运都要
拼帮②。

固定帮则是在多年的赶马生涯中积累了丰富经验的赶马人,他们用多
年赶马所积蓄的钱财,自己购置一定数量的骡马而组成马帮。这种马帮通
常进行专业长途运输,以收取运费为目的,人们习称之为"固定帮"或"专业
帮"。专业马帮在云南各地普遍存在,其中以经济相对发达地区尤为显著。

---

① 王应鹏.民国时期大理、凤仪的马帮[A].//政协云南省委员会文史资料委员会.云南文史
资料选辑:第四十二辑[C].昆明:云南人民出版社,1993:312—313.
② 王应鹏.民国时期大理、凤仪的马帮[A].//政协云南省委员会文史资料委员会.云南文
史资料选择辑:第四十二辑[C].昆明:云南人民出版社,1993:310—311.

仍以民国时期的大理地区为例,大理地区的专业帮多分布在凤仪、下关、太和、洱溪、仁里邑等村镇。比较著名的马锅头有包文彩、赖锡、赖佩、黄佐亭、赵吉、章文治、苏金富等。包文彩,赵州(凤仪)人,拥有一百多匹骡马;赖锡、赖佩,凤仪杨展营人,兄弟俩各有二三十匹骡马;黄佐亭,凤仪人,有四十多匹骡马;赵吉,华藏寺回族,有二十多匹骡马;章文治,关迤大中巷人,有二十多匹骡马;苏金富,关迤红土坡人,亦有二三十匹骡马。此外还有下关小井巷的杨滨侯,朝阳街的叶根培等,都拥有几十匹骡马,他们都专事马帮驮运①。

除了上述拼伙帮和固定帮外,普遍存在于云南马帮队伍中的,还有大量农马兼营的小户,散布于全省各地进行日常用品的短途运输。这些"驮运粮米油盐柴炭之马,向系零星,不成大帮",多源于处在破产之际的农村小生产者,他们以此维系生活。如,昭通县黑石凹一小马户即以三家亲戚合有七匹马,长年在本地驮运盐米销售,以顾三家之食。这些小本经营的马户,"一日不在家驮货销售,一日即无糊口之资"。处于较低层次的各少数民族中的马帮经营状态,基本上全采用农马兼营的形式。如盈江邦瓦寨的景颇族,有28%的农户兼营此种季节性贩运贸易。②

3. 商帮

近代以来,随着商品经济的发展,马帮在专业帮的基础上发展成为商帮。历史上,商帮主要分为两种情况:

一种商帮是兼运输与贸易于一身而组成的马帮。云南许多商品的零售,主要是靠他们来进行的,在遍布各地的市场上,每逢集市、街期都有这类马帮来进行商品的收购与推销。马帮运输的团伙性,使得马帮也有朝运输与经营一体化方向发展的趋向,只是由于资本的弱小或市场贸易额有限而受制约。然而,在对外贸易中,这种趋向率先变成现实。如清代光绪年间,

---

① 王应鹏.民国时期大理、凤仪的马帮[A].//政协云南省委委员会文史资料委员会.云南文史资料选择辑:第四十二辑[C].昆明:云南人民出版社,1993:310.
② 胡阳全.云南马帮[M].福州:福建人民出版社,1999:55—56.

滇中河西(今通海)、新兴(今玉溪)、峋峨(今峨山)一带的回族,以血缘与地缘为纽带结成马帮商队,赴普洱、思茅、车里、佛海和老挝、泰国、缅甸等地进行货物贸易。他们多半在昆明购买毡子、马掌、黄蜡、缎子、笠帽、花线、黄丝、土布以及河南来的草帽运到泰国、缅甸等地去卖。每年动身的时间一般是在阴历九、十月间,到了思茅就卖掉一部分货物。马帮从思茅进去,先到缅甸景栋,再到泰国的清迈,把从国内驮去的货物卖掉,然后买进一部分山货(如鹿茸、象牙、虎皮、豹皮、虎骨、熊胆、纸烟、布匹等)留存,待驮回国。如果资金不足,他们就向清迈的潮州商人借本钱去缅甸的毛淡棉等地购买英国或德国首批西药,也购买一些锯子、缝脱衣针等日常用品,而且购买回来的这些货物要尽量先卖给潮州商人。也有回族马帮从瓦城购买黄丝运到清迈附近,卖给当地用来裁制裙子的泰族。其他在泰缅边界一带购买的货物和山货,如鹿茸、象牙、虎皮、豹皮、虎骨、熊胆、纸烟、布匹等,多数驮到昆明销售。从思茅出来的马帮除了驮自己的货物外,有时也代其他商家驮茶叶和棉花。[1] 这种兼运输与贸易于一身的商帮,云南各地都普遍存在,并且,其中不少人因此而发家。

另一种商帮,则是近代许多云南商号自建的马帮,他们主要以此来实现工商资本与马帮经营资本的融合。当时云南经营滇藏印三角贸易的华侨商号大小一二十家,都有自己的马帮。甚至连一些开矿的产业商号,也自建了不少马帮队伍。如下关的董氏之洪盛祥商号。董耀廷父子早在1908年就在下关开设商号,从事中缅、中印进出口贸易。董耀廷父子以经商缅、印十余年之经验,深知缅、印气候酷热,石磺为其必需物资。经到处考察和精心研究,1920年,董氏为扩大出口货源,开始在下关办"洪记石磺公司",开采经营石磺矿。董氏除雇用三四百名矿工外,还建立了一支拥有二百多匹骡马的马帮,专门雇有马锅头和赶马人,将生产的石磺运至八莫,再远销缅甸、印度。[2] 此外,个旧大锡在滇越铁路通车前,也配备有专门的马帮取道滇川、滇桂大路外运。而东川矿务公司,也有一支稳定的专门运铜的马帮队

---

① 姚继德. 云南回族马帮的组织与分布[J]. 回族研究,2002,(2):68.
② 胡阳全. 云南马帮[M]. 福州:福建人民出版社,1999:54.

伍,将东川的铜驮运至昆明。

(二)以地域为依据划分的马帮类型

依地域而论,随着商品经济在云南各地的不断发展与繁荣,云南马帮形成滇东、滇西(包括滇西北)和滇南三大帮,以及许多散布于各支线的小马帮群。

1.滇东马帮

滇东马帮以昆明、曲靖为起点,以昭通为转运中心,主要从事省际贸易,与川黔交往频繁。他们由昆明驮运货物到昭通,转运至盐津渡(老鸭摊),方雇船至横江,下船到宜宾。历史上东路马帮有名的大锅头有王登云、龙光荣、许金润、李耀庭等。他们能随时组合成百上千匹骡马。鼎盛时期,滇东马帮每年约有骡马 4 万至 5 万匹参加驮运。由昆明经昭通运往四川的货物,主要有下关的沱茶、滇西的大烟,以及棉纱、百货等内销商品。回程时由宜宾经昆明运往云南各地的货物有四川的川丝、纺丝、川烟、丝绸、药材等。①

此外,支线马帮由宣威、东川运往昆明的有四川的火腿、东川的铜器、巧家的猪油,以及药材、土产品和一些生活必需品等等,每年也有二三千驮,这也是东路马帮一支重要的运输力量。②

2.滇西马帮

滇西马帮是云南马帮中力量最大,行进路线最长、分支最多的马帮。其常年走缅甸——大理——昆明一线。马帮行话叫走通梢。走这条线的主要帮子是楚雄帮、大姚帮、姚安帮,大理洱海地区的白族帮。历史上主要的大锅头有大理帮的包文彩、赖氏兄弟、黄佐亭;下关帮的章文治、苏金富;巍山

---

① 胡阳全.云南马帮[M].福州:福建人民出版社,1999:57.
② 解乐三.云南马帮运输概况[A].政协云南省委员会文史资料研究委员会.云南文史资料:第九辑[C].1965:230—231.

帮的马朝真、马万有、马彩庭。

在滇西干线上,以下关为转运中心,昆明至下关为一段,下关至缅甸为另一段。由下关驮运至昆明的货物有药材、茶叶、洋纱、毛皮、山货土产等,回程有黄丝、川烟、棉布和日用百货;在下关至缅甸一段,由凤仪、保山、蒙化、永平等地的大马帮将川丝、纺丝、条丝、山货、药材、铁具、火腿、纸张、粉丝、土布、石磺、大锡、茶叶等出口商品从下关经永平、保山、腾冲驮运出口到缅甸八莫、瓦城,回程有玉石、麝香和日用洋货等。①

此外,还有三条支线运输茶叶、棉纱等商品。第一条是由凤庆、云县、景东、景谷、双江运输勐库茶、凤庆茶至下关加工为沱茶,每年约有骡马4000至6000匹驮运。第二条是由保山、永平、下关至耿马、镇康、麻栗坝驮运大烟及其他土特产品,每年约有2000至4000匹骡马驮运。第三条由下关驮运棉纱、棉布、茶叶、百货经四川会理至西昌,返程时驮运川丝等,每年有骡马6000至1万匹参加驮运。②

3. 滇西北马帮③

滇西北马帮,主要以下关为起点,经剑川、鹤庆至丽江,主要驮运边销茶、棉纱、百货等,然后再经丽江的三条支线将这些商品转运出去。第一条以丽江为起点,经永胜、宁蒗、木里至康定,主要驮运边销茶、布匹、火腿、棉纱、百货等,每年约有6000至8000驮。第二条由丽江经剑川至兰坪、怒江各县,每年约有1000至2000驮,主要驮运商品有生丝、食盐、生漆、药材、土杂货等,然后由怒江各县将这些商品转运到缅、印等国;回程的商品主要有由缅甸转口和缅产的棉花、棉纱、棉布、玉石、日用百货、小五金等。第三条是大理经丽江到西藏拉萨。此路分两段转运,一段由大理、洱源、鹤庆、丽江的马帮,在大理至中甸或阿墩子一线来回运输。因为云南马帮一般是硬驮(骡马背上有架子),不习惯走藏区崎岖狭窄的雪山路途。所以,云南马帮

① 王明达,张锡禄.马帮文化[M].昆明:云南人民出版社,1993:125—126.
② 胡阳全.云南马帮[M].福州:福建人民出版社,1999:58.
③ 胡阳全.云南马帮[M].福州:福建人民出版社,1999:58—60.

到中甸或阿墩子后,就将货物交由另一段的藏族进藏马帮转运。他们的马不用鞍架驮货,货物放在皮囊内直接搭在马背上,称为软驮,这样便于走狭窄陡峭的雪山峡谷。驮运的货物以茶叶、布匹、棉纱、百货为主。

在丽江纳西族中也有一部分赶马人,以丽江马作为主要的交通运输工具,成群结队地一年一次来往于丽江、西藏和印度。当时不少纳西族的赶马人和小伙计在"商号帮工",还以穿藏装和会说藏话为荣。他们翻过中甸大雪山、白茫雪山、梅里雪山等重重雪山,越过金沙江、澜沧江、怒江、雅鲁藏布江等条条大江,一路风餐露宿,到达雪域拉萨。向西藏和印度输出的土特产就有几十种,如毡、布、丝绸、沙金、滑石、盐巴、火腿、粉丝、瓷器、铜器、皮革制品、铁、银和丽江马等等。从印度输入的是洋纱、毛呢、锑锅、香烟及各种日用百货;从西藏输入的有虫草、贝母、鹿茸、麝香、藏红花、黄连、章堆金、绿松石、皮毛等。这些货物在丽江转口,远销内地。清光绪年间,纳西族李悦、李鸿旭、杨恺、王树桐、李继斋、赖耀彩、李鸿芳、和瑛、周景汤、杨子祥、李达三、杨崇兴等,资本都在半开万元以上,最多的达五六十万之巨。这些纳西族马帮的足迹近达滇、川、藏交界的邻近各县,远达昆明、成都、拉萨和印度。

此外,清代在滇西北德钦的回族也主要靠马帮贩运为主,几乎这里的每位回族成年男子都从事过马帮贩运。每年夏秋之际,他们便将在当地收购的虫草、贝母、兽皮和药材、皮货等土产运往丽江、大理等地出售。又从那里驮回盐巴、茶叶、火柴、布匹等物品在德钦出售,有的回族商帮甚至长驱直入,将驮运买卖扩展到西藏境内。他们常常在一个夏秋驮运两三趟,虽然十分辛苦危险,但收入却十分可观。

4. 滇南马帮[①]

滇南马帮是云南的省际、国际贸易运输的主要承担者。清末,滇南马帮的大锅头主要有河西的马三、老贵、纳兴亮、林朝安,玉溪纳八三,陆良的叶正才、王楚珍,元江的李和才等等。在1910年法国修滇越铁路之前,滇南马

---

① 胡阳全.云南马帮[M].福州:福建人民出版社,1999:60—61.

帮的活动分为两条主要干线。第一条以昆明为起点,经宜良、盘溪、开远到蒙自、个旧,并以蒙自为中转站,分三条支线驮运商品:向南至河口进入越南;向东到文山、富宁至广西;向西至临安(今建水)、石屏,再往南至江城抵西双版纳。第二条以玉溪为起点,经石屏、元江、磨黑至普洱思茅。当时,每年至少有20万匹骡马由蒙自到河口、河内运输各种进出口商品。滇越铁路修通后,云南的出口物资,改由铁路出口。此后,南路的开化、广南、临安、蒙自等地的马帮,只到火车站搬运,不再来昆明,只有陆良马帮叶正才、王楚珍等往来昆明。

滇南马帮从省内外、国内外输入到云南的商品,主要为棉纱、纸、烟,从云南输往各地的货物主要是大锡、铜、铅、铁、茶叶、药材等。

(三)以民族为依据划分的马帮类型

从民族成分看,除以回、汉为主体的主要马帮队伍以及往返于北路的藏族马帮外,在白、彝、纳西、普米、哈尼、拉祜、景颇、佤等等许多少数民族中,都形成了一定数量的马帮经营者。其中,除了回族元代才大批进入云南,其马帮形成较晚外,其他各族的马帮大致在秦汉时期,随着云南与内地及东南亚国家交通线的开通而逐步形成。以下主要以近代云南各族的大马帮为例。

1.汉族马帮

几乎在云南各地都有汉族马帮活动的足迹,这与历史上汉族大量迁入云南有关。从战国时期楚威王(公元前339—前329年)派将军庄蹻率两万汉族军队进入云南,并定居滇池地区开始,到明朝时期30万左右汉族移民进入云南为止,汉族移入云南是经历了由少数到多数、由小规模到大规模、由分散到集中、由分布范围较狭窄扩大到云南境内各个地区的过程。这个过程的完成,也就是汉族在云南各地区分布的完成,也是汉族马帮在云南各地均有分布的必要前提。正因为如此,汉族马帮不仅在云南各地均有存在,而且其规模也是较大的。仅滇西著名的汉族大马帮就有包文彩、黄锡祚、赖锡、赖佩、赖学中、黄佐亭、章文治、杨滨侯、叶根培等[①]。

包文彩，大理市凤仪人。据说，其在唐继尧时被征，随军入川，因用骡马搭救龙云脱险，成为龙云的结拜兄弟。后来，龙云担任云南省主席，包氏得到龙云的资助，发展成为凤仪最大的马帮之一；包氏在福春恒商号的支持下，比较出色，每次能组织成几百至千把匹牲口的马帮。在 1920 年至 1930 年行路十分危险，即所谓"匪风甚炽"的情况下，包氏因政治上有靠山，经济上由商号支持，行路通畅。

赖锡、赖佩，凤仪杨展营人，兄弟俩各有二三十匹骡马，专事马帮长途驮运。

黄佐亭，凤仪人，有 40 多匹骡马，专营马帮驮运。

章文治，关迤大井巷人，饲有 20 匹骡马，经营马帮驮运兼做生意。

杨滨侯、叶根培，下关人，拥有几十匹骡马，专事马帮驮运。

2. 少数民族马帮

（1）回族马帮

回族大批进入云南是在元、明两代。云南省的回族多聚居在交通沿线的平坝地区或半山区，人均耕地面积较少，随着内部等级的分化，土地日益不足，仅靠耕种难以生存。因为回民的生活习惯、特别是饮食习惯与其他民族不同，谋求生活的门路较为狭窄，回族素有经商的历史传统。民国《大理县志》说："回回，长于服贾贸迁"。回民信奉伊斯兰教，在伊斯兰教属于经典性质的《圣训》中就有："运输商人，是获主慈悯"的训条，这在回民中起着鼓励经商的作用。[②] 因此，运用马帮进行长途贩运是回民经商的一种重要形式，越来越多的人以从事马帮的对外运输贸易为主业，其中包括解甲的云南回回军人。回族马帮从元代以后一直都是云南马帮的重要组成部分。

元代在云南及其通向邻近国家的道路上所设立的站赤（驿站），也客观

---

① 王应鹏. 民国时期大理、凤仪的马帮［A］.//政协云南省委员会文史资料委员会. 云南文史资料选择辑：第四十二辑［G］. 昆明：云南人民出版社，1993：310.

② 王明达，张锡禄. 马帮文化［M］. 昆明：云南人民出版社，1993：117.

上为回族马帮的发展创造了条件。云南回族马帮的活动范围相当广泛,在我国云南、四川、西藏等地及缅甸、越南、老挝、泰国、印度、尼泊尔等国都曾留下过足迹,甚至新中国成立以后,在省内、省际以及国际的经济交流中,还起着相当重要的作用。近代比较著名的回族马帮的大锅头有马朝珍、纳兴亮、阿喜哥、林朝安、叶正荣、叶正喜、马有青、马悦廷、马天有、马万有、马彩庭、马应才、闵春福、李行兰、赛宝章、杨开科、米文彩、朱映堂、忽德成、朱玉泰、马明宗,以及马汉波、马正和、马泽如、马千明四兄弟。

云南境内人数众多的回族人民一般都是利用专业性的马帮组成或固定或临时的商帮进行长途贩运,与缅、泰等国开展进出口贸易。富裕者独家出资,购买百十匹骡马,雇佣一伙亲戚、朋友,组成一个马帮;贫穷者则几家相约,凑成一个马帮。这些回族马帮常年往返于云南至境外的商路上,去时驮运本地各种土特产到国外贩售,回来时又从国外运回各种货物来境内销售。在近代云南各回族聚居区都出现一大批著名的马帮。

滇南沙甸乡云南著名的马帮运输之乡。1949 年,学者江应樑先生到沙甸调查,调查报告指出:"在思普路上的马帮,以回族马帮最有力量。而回民马帮中,沙甸人是佼佼者,不仅能吃苦耐劳,不畏烟瘴,兼而勇敢机智,一个马帮只有有二十条好枪,路上遇一二百个土匪是不在他们心上的。每年秋天雨季完结且,马帮作边区长途旅行,或代人运货,或自己合伙购办边民的日用品运到彝区去卖,或深入到缅甸、越南、泰国去,贩货。"沙甸 900 余户人家,几乎没有一家是单纯地依靠田地耕种来维持生活的。每户人家差不多都饲养着一二匹甚至四五匹马,或替客商转运货物至邻近各地。"沙甸人经营这些事业,具备两个优越条件:一是沙甸的地位,正处在开(远)、蒙(自)、个(旧)三县县城的中心点上,北至开远,东南至蒙自,西南至个旧,都是 40 余里途程。马驮行走至这三个地方之任何一地,都刚好一天可以来回,赶牛车则正好一天一个单程,这使得沙甸天然成为三县最适当的货物转运地。二是个旧这一个大销场,15 万矿工聚集一地,地方上没有田亩可供农业生产,吃的米谷皆由开化、澄江、宜良,以至江外土司地运来。菜蔬除少数由本境栽出外,大部分也得依靠外面供给。日用百货,则完全由昆明转运去。沙甸人既掌握了个旧的运输权,则全矿区居民日常生活必需品的供应,沙甸人也就掌握了大部分。这样一来,沙甸人可以不必完全依靠田地,而可以兼营运输与商贩,从而获得比田地更丰厚的收入。当个旧锡业最盛的时候,全区矿工数达15万人。这时,沙甸每一家人都畜养着二三匹马或三数头牛,经常赶着牛马驮来回沙甸、个旧之间,或沙甸、大庄、蒙自、个旧之间,把矿工生活所需要购物品,转运到个旧去。马帮每晨天明前约四点钟从沙甸起行,到中午十一时便可抵达个旧,黄昏时使可返回沙甸。每匹马运货一驮,运费约大米50斤,人马的开销只需10斤。如果家有三匹马,由一个人赶着,每月来回沙甸、个旧十五次,所得运输费,除此一人三马的开销外,尚可净余大米1500斤上下,这是指专代人他人运货收取点运费而言。若驮去的蔬菜是自己田里所产的,或驮去的货物有一部分是自己的资本贩运的,那每一往返,所获便不止此数。……沙甸之所以比较云南一般农村为富裕,可以说主要原因是由于从事上述这种事业所致。"①

又如,通海县回族聚居区的纳家营、古城、大小回村、下回村,解放前是著名的马帮"走夷方"之乡,大多数人赶马到缅、泰贸易。他们将通海的河西土布、黄腊、铁制农具、银饰、日用百货驮到缅、泰等国山区出售,又从该地换回象牙、虎骨、熊胆、鹿茸等山货药材,也驮回蓝靛、煤油到昆明销售。他们多是小本经营,加入一二匹或四五匹马经营,也有发展成商号大马帮的。如下回村马政和家就发展成"源信昌"大马帮、大商号。纳家营解放前有骡马300多匹,形成马、纳二姓马锅头。②

如大理巍山,回族中有一半以上从事商业及对外贸易。他们用骡马驮运药材、生铁、石磺、土布、土碱、兽皮等到缅甸销售,返回时驮洋纱、棉花、煤油、火柴、肥皂、洋布等。据统计,1949年前全县有长途运输及对外贸易马帮派150多个,其中回族经营的马帮近100个,占三分之一强,拥有骡马近5000多匹,仅回辉登一村在1920年至1945年间,到缅甸等到进行外贸的

　　① 江应樑.滇南沙甸回族农村调查[A].//中国少数民族社会历史调查云南省编辑组.云南回族社会历史调查(一)[C].昆明:云南人民出版社,1985:9—10.
　　② 杨兆钧.云南回族史(修订本)[M].昆明:云南民族出版社,1994:357.

就有朱映堂、米文彩、忽德成、朱玉泰、马明宗等五个较大的马帮,每个马帮拥有骡马 250 匹以上,以银元计,这些马帮的资金每个都在 10000 元以上(见表 2、表 3)。

表 2　1950 年云南巍山地区回族马帮情况调查(马帮总数)

村落	马帮数	养马户	骡马匹数	备注
回辉登	35	200	1500 多	
小围埂	10	60	450 多	
马米厂	10	60	450 多	
东莲花	7	50	350 多	
大围埂	6	60	350 多	
三家村	6	40	300 多	
白沙空	3	20	100 多	
大五茂林	2	20	100 多	
深沟村	2	30	100 多	共同 15 个村
晏旗厂	2	20	60 多	
树龙村	3	30	100 多	
新村	1	15	50 多	
阱门口	1	10	50 多	
甸中街	2	20	50 多	
芝尾村	2	30	50 多	
合计	92	665	4260 多	

资料来源:原表源自:巍山彝族回族自治县交通志稿,现抄录于王明达,张锡禄.马帮文化[M].昆明:云南人民出版社,1993:119~120.

表 3　1950 年云南巍山地区回族马帮情况调查(主要马帮情况)

村落	姓名	骡马数	经营范围	经营数量	备注
回辉登	忽亮生	30			
小围埂	忽然茂	20	洋纱等		
小围埂	马忠义	20			
小围埂	马明忠	20			
马米厂	米信堂	20			

马米厂	米信高	20				
马米厂	马自忠	20				
马米厂	马自荣	20				
东莲花	马如意	30				
东莲花	马如清	20				
东莲花	马如其	20				
东莲花	张跃山	20				
东莲花	张世清	20				
晏旗厂	马彩廷	40				
茶、棉纱	约40驮	雇赶马十多人				
回辉登	忽正荣	30多			合伙马帮60多匹	
回辉登	朱印堂	20多			合伙马帮50多匹	

资料来源:原表源自:巍山彝族回族自治县交通志稿,现抄录于王明达,张锡禄.马帮文化[M].昆明:云南人民出版社,1993:119~120.

　　此外,峨山县回民也有相当多的人以云南与缅甸等国的贸易为生。该县大白邑村回族青壮年男子有60%以上都经营外贸。该村清真寺碑记载:"我村之人,贸易远方者甚多"。他们一般是一家饲养骡马1-5匹,村里回民互相邀约,凑集一二百匹骡马,组成一个大马帮,驮土布、毛毡等云南土产到缅甸、泰国出售;回国时带回虎胶、洋货等物品。来来往往,从不间断。文明回族乡则有70%以上人家从事这种贸易,有的人家祖孙三代都是如此。[1]

　　永平曲硐回族乡,回民中有60%以上从事经营马帮运输及对外贸易,往来于保山、腾冲、缅甸等地,营运棉花、洋纱、布匹、食盐、石磺等商品。[2]该村回民罗汉彩,常年往来于缅甸、泰国、新加坡及南洋群岛一带经商,声望颇高。[3]

　　保山的马应才、闪春福、李行兰等回民马帮,最少的有骡马100匹,多的

　　① 王道、王运方等.云南回族的对外贸易[J].史与志,1989,(1):2.
　　② 温眉虎.永平曲硐回族历史调查[A].//中国少数民族社会历史调查云南省编辑组.云南回族社会历史调查(一)[C].昆明:云南人民出版社,1985:39.
　　③ 王道、王运方等.云南回族的对外贸易[J].史与志,1989,(1):2.

达 200 至 300 匹,常年往来于昌宁、镇康、耿马和缅甸之间,从事各种货物的
贩运。①

　　玉溪回民马帮先后有 10 多个,每个马帮的骡马都在百匹以上,驮运玉
溪土布、黄蜡等土特产到缅甸、泰国出售,回来时运回象牙、鹿茸、熊胆、虎骨
等山货药材。②

　　洱源县土庞村的回民活跃在滇缅公路上。据该村《马良臣墓志家谱》
记载:该家族中人"专事经商,公富经济,尝出国外谋生,岁仅一归,历暹罗
曼谷仰光所属,足迹踏遍省内迤南,迩而各地,无处不越。"③

　　砚山平远街田心村的村民也大多数参与马帮运输。回民杨开科家有
20 多匹骡马,常年运桐油经邱北、广西百色到越南,回来时驮运洋货,同村
有 2–3 匹骡马的人家较多,全村的赶马人经常联合起来,组成一个百匹以
上的大马帮,到泰国、越南、缅甸等地贸易。④

　　施甸县西山回族村民国时全村共 62 户,几乎每家都有几匹骡马,全村
马帮 200–300 匹,除 1 户主要务农外,其余各户都有人常年往返缅甸做生
意。⑤

　　德钦由于通往印度较为方便,当地回民从事外贸较多,回民马帮通常从
小路翻越高山到印度穆斯林聚居区做生意,印度穆斯林商人也随回民马帮
到德钦和内地做生意。⑥

　　凤庆县营盘镇的回族,民国时 70% 的住户都靠马帮到缅泰进行贸易活
动。⑦

　　(2)纳西族马帮

　　云南丽江是纳西族的主要聚居区。丽江不仅是印度、西藏与内地贸易

①　杨兆钧.云南回族史(修订本)[M].昆明:云南民族出版社,1994:356.
②　王明达,张锡禄.马帮文化[M].昆明:云南人民出版社,1993:118.
③　马维良.洱源县土庞村回族调查[A].//中国少数民族社会历史调查云南省编辑组.云南回
族社会历史调查(三)[C].昆明:云南人民出版社,1986:54.
④　王明达,张锡禄.马帮文化[M].昆明:云南人民出版社,1993:118.
⑤　马维良.云南回族的对外贸易[J].回族研究,1992,(2):19.
⑥　王明达,张锡禄.马帮文化[M].昆明:云南人民出版社,1993:118.
⑦　马维良.云南回族的对外贸易[J].回族研究,1992,(2):19.

的枢纽,而且是著名的"丽江马"主要产地。丽江马饲养年代久远,纳西族文化典籍《东巴经》中就专门有一本《马的来历》的书。传统的丽江马,具有短小粗壮,行动机敏灵巧,性情温顺,躯干紧凑结实,蹄质坚韧,不苟求饲养条件,能吃苦耐劳,适应山地运输等优点。由于受地理环境的影响,以及汉、藏、纳西、白等民族在语言、宗教信仰等方面风俗习惯的不同,在很长的历史时期里,内地来的商人因安全条件、语言、气候、风俗习惯等不相适应,所以到丽江即止。同样,康、藏地区商人也是到丽江就不再前进,其原因是对内地相当陌生。因而,丽江成为边疆与内地商人与贸易的交通枢纽和中转站,发挥了促进边疆与内地经济贸易交往的中介作用。纳西族人民在这方面有很大的贡献。在汉藏、白藏、纳藏等贸易交往中,纳西族的马帮起了极大的作用。①

纳西族马帮形成很早,早在唐宋时期,纳西族先民与吐蕃、南诏、大理等地的贸易就相当频繁。明清代以后,纳西族马帮得到很大的发展。据统计,丽江纳西族民国初年到藏区贸易的商号有30多家,到抗日战争时期猛增至1200多家,其中拥有资本一、二百万元(半开银元)的民族资本家就有10家左右。此时来往于丽江、西藏、印度之间的马帮已达到5000匹骡马。"②其显著的特点是商帮自养马帮,自驮、自运,盈亏自负。不像其他马帮,纳西族马帮仅仅是商家的运输队伍,只得运费,而商品有利润与否是不用操心的。同时,因为需要经常接待藏族同胞,并与之交流和贸易,不少纳西族马帮的马锅头和小伙计以穿藏装和说藏话为荣,③同时,因为需要经常接待藏族同胞,并与之交流和贸易,不少纳西族马帮的纳西族马帮一般一次进西藏,去的时候运茶、糖及土杂日用品,回来时候运载藏区的氆氇、毯褥等毛皮制品,以及山货、药材等,获利丰厚。纳西族马帮及商人往往被称为"藏客"。④

① 胡阳全.云南马帮[M].福州:福建人民出版社,1999:62—63.
② 李珪.云南近代对外贸易史略[A].//政协云南省委员会文史资料委员会等.云南文史资料选辑:第42辑[C].昆明:云南人民出版社,1993:37.
③ 郭大烈、和志武.纳西族简史[M].成都:四川民族出版社,1994:505.
④ 赖敬庵、杨超然.丽江工商业资料[A].//丽江县政协文史组.丽江文史资料:第3辑[C]:1986:85.

近代民国时期,纳西族著名的马帮大锅头有:①

李悦:以马帮运输到拉萨进行贸易,是一个著名的富商,西藏人称之为"匈本李悦"("匈"意为生意;"本"意为官)。

李鸿耀、李鸿高:开设有"锡顺鸿"商号,在西藏开药店,兼营土著人杂、布匹,有大批马帮,后结识军门提督杨玉科,由杨投资经营西藏生意,有大批马帮派其弟李鸿高走西藏做"藏客"生意,兼营山货、药材,又命三弟同和立本到广州、香港等销售,成为丽江富商,名噪一时。

赖耀彩、赖敬庵:开设有"仁和昌"商号,经营山货、药材。后其子赖敬庵继承商号,并设立分号于下关、昆明、康定。1937 年抗日战争爆发后,转变业务,设分号于拉萨和印度的加尔各答,经营物资进口业务,自养骡马180 多头,分为 4 帮,往来运输。根据 1943 年盘存,有流动资金滇半开银币60 万元。藏族人称之为"赖家昌",是藏语大资本家的誉称。

杨子祥、杨崇兴:开设有"恒足祥"商号,民国初年组织马帮,由亲戚杨崇兴代理马帮走西藏做"藏客"生意,由丽江采购茶、糖、土杂进藏,运回褥子、氆氇、皮条、羊皮等。数年间,马帮发展到七八十匹骡子。后将马帮卖给杨崇兴经营,杨崇兴之子和万华等人创办"元德和"商号。到 1949 年底,有资本四五万元(半开银元)。

杨嘉泽:初为"仁和昌"商号学徒,后由该商号借款从事马帮运输业务,自赶骡马三五匹,主要从事康定、拉萨等地经营山货、药材业务,后逐渐发展至骡马二三十匹,"腊都"(藏族雇佣者)七八人,在藏族商人和贵族中间颇有信誉。

和幼幻:原在德钦"锦顺和"商号当学徒,后来自养驮骡二十多匹,走西藏做"藏客"生意,有"腊都"五六人,每年夏去冬回。春季到康定采办雅安砖茶,成都丝杂卡打,同时到印度加尔各答做进出口生意,数十年如一日,到1949 年底,约有资本两万元。

此外,还有杨恺、王树桐、李继斋、李鸿芬、周景汤、李达三等。

---

① 申旭.中国西南对外关系史研究:以西南丝绸之路为中心[M].昆明:云南美术出版社,1994:269;王明达,张锡禄.马帮文化[M].昆明:云南人民出版社,1993:123—124.

总体来说,纳西族马帮主要从事滇藏印线的货物运输,运输货物的范围和种类日益增多,除传统茶叶、山货、药材外,还驮运腊肉、粉丝、水银、武器、金、银等商品。同时,纳西族马帮不仅从事货物运输,而且从事商品经营,由此形成了纳西族商帮。在长期的滇藏贸易交往中,纳西族与藏族商人之间逐渐形成了一种特殊的贸易方式,即房东贸易制。来自西藏、康巴的藏族马帮商人运货到丽江、中甸等地后,就住在比较固定的马栈房东家里,马栈房东居中介绍,充当商务经纪人帮助藏商进行贸易。马栈不收住宿费,而是根据房东替客商出外交涉买卖的成交额来收取一定的"牙钱",又称"牙用"或"牙佣"。[1] 纳西族马帮到西藏拉萨、昌都等地从事货物运输、贸易,也是如此。

到20世纪30年代抗日战争爆发后,滇、藏贸易十分活跃,维西、宁蒗等纳西族地区,成了重要的商道和过往马帮们的歇足地。各种货物由内地经过这里远销西藏和印度,这就是纳西族中原来从事季节性赶马活动的人,逐渐转入以赶马经商为主要职业。由于赶马经商获利甚厚,引起了人们的羡慕和向往。不仅大多数家庭抽出男子从事赶马运输,就是那些缺乏骡马的人户,也有人通过押出土地来购买骡马,以便从赶马经商中谋利。据1956年的统计,解放前在宁蒗的永宁和维西的永兴等地,约有三分之一以上的家庭主要成员兼营赶马运输业。赶马运输业的兴起和繁荣,给纳西族社会和家庭带来了深刻的影响[2]。

(3)白族马帮[3]

云南白族80%以上聚居在大理白族自治州。大理具有悠久的历史,是祖国西南高原的一个重要的政治经济文化中心。汉武帝时期,从内地广征士卒丁壮,在滇西大规模地开凿"博南道",从此打通了从四川成都,经滇西大理与东南亚各国之间的重要商道,使大理成为"西南丝绸之路"的一个要冲。严格地讲,这条交通商道的开通是与马帮的活动分不开的,至今在大理

---

① 杜鹃.民国时期的云南马帮驿运[D].四川大学硕士学位论文,2004:41.
② 《纳西族简史》编写组.纳西族简史[M].北京:民族出版社,2008:79.
③ 王明达,张锡禄.马帮文化[M].昆明:云南人民出版社,1993:116—117.

州永平县境内的博南古道石块上,仍保留着深深的骡马蹄痕迹。白族马帮至少在汉代初期就已存在,近代白族马帮主要以洱海周围的"马鹿赕"(今金星村)、太和村、马久邑、牧马邑、周城等地帮子著名。

马鹿赕的村民多数人家都饲有骡马,每户少则三四匹,多则十来匹,全村上百户人家,拼个大帮,组成五百来匹骡马的马帮不称难事。华有才、黄老席、王应鹏、王茂宣等都是村中的"马锅头"。例如,王应鹏,十三岁就跟着父亲赶马走"夷方";父过世,子继其业,成为村中马锅头的后起之秀。

大理马久邑的三元帮是个较大的马帮,在清朝初年名噪一时,是专为"三元号"服务走缅甸至大理一线的历史悠久的老帮子。清咸同年间,"三元号"被毁,三元帮四分五裂,后被迫另组新帮。

喜洲牧马邑(今仁里邑)的马帮较著名者有六帮。即苏里祥帮、杨幼军帮、杨运兴帮、杨成霄帮、杨号甲帮、杨汝之帮。六帮共有马300多匹,每帮40～50匹。

此外,下关也有3家著名的马帮。即关迤苏金富,有20～30匹骡马,靠赶马起家;下关小井巷杨滨侯,有20～30匹骡子,专事驮马运输;下关洱滨村赵炳南,有40～50匹骡马,是有名的大马锅头。另外阳平村的王昭、太和村的李四泽、李四和等都有一定的名气。

以上马帮又称白子帮,因白族自称白子的缘故。20世纪30年代大理洱海周围的白族村子几乎村村都有马帮,有的一个村有几帮。家家户户几乎都养马,有的一家养多匹。一村人有几十甚至上百匹。

(4)彝族马帮①

云南彝族占我国彝族总人口的60%以上。云南的绝大部分县市都有彝族分布,其中以楚雄彝族自治州、红河哈尼族彝族自治州和哀牢山区、滇西北小凉山一带比较集中。彝族多居住在云贵高原和青藏高原东南边缘横断山脉峡谷区,以及四川盆地西南边缘,海拔在2000米左右的山区或半山区。其生活区域大致是北部、西部高,南部、东部低。如北部昭通、镇雄和小

---

① 胡阳金.云南马帮[M].福州:福建人民出版社,1999:64.

凉山彝族山区,海拔有的在 3000 米以上。

近代云南的彝族马帮,主要以昭通一带的王登云、龙光荣、许金润等为代表。

(5)藏族马帮

云南藏族主要聚居在迪庆藏族自治州的香格里拉、维西、德钦三县。此外,丽江、贡山、永胜等地县也有分布。迪庆州位于滇西北,是青藏高原的南延部分,属于著名的横断山脉地区,雄伟挺拔的甲午、白茫、梅里三大雪山屹立于州境。藏族地区群山连绵,土地辽阔、水草茂盛,为云南藏族人民从事畜牧业提供了良好的条件,其饲养的牲畜主要有牦牛、骡子、黄牛、山羊、绵羊等等。牦牛和骡马是藏族主要的高寒山区负重驮运工具。由于云南藏族所居的滇西北地区自古以来就是云南到西藏、达印度等地的重要贸易通道,因此这里的贸易往来,主要就是通过藏族马帮来完成的。进藏贸易是十分艰苦的,当时从德钦到拉萨,需行程三个月。强壮的藏族驮夫,身着骑马武士装,携带口粮,风餐露宿,翻过白马、太子、梅里等雪山,走过许多茫茫草原,为祖国内地同西藏的联系,做出了巨大的贡献[①]。

进藏马帮,每年来去一次,春季到思茅、普洱、勐海驮运紧茶,夏季进拉萨,秋后出来。如果时间耽延,冬季大雪封山,概不能通过,因沿途既无人烟,又无旅店,必须自备帐篷,携带给养干粮,十分艰苦。走此路的马帮,主要是藏族,外地牲口难以耐此严寒。藏马体形比较小,皮毛又厚又长,有御寒的能力;再则藏族在长年的马帮生涯中也积累了丰富的实践经验。如进藏之前,要在丽江以大量酥油喂饱牲口。据藏族经验,酥油喂得越多,牲口越好。只要吃够酥油,进藏驮运一转,可以平安无事;如果牲口吃不够酥油,无抗寒力,沿途损失,很难避免[②]。

藏族马帮还有相当一部分是本地的藏族领主、土司、寺院喇嘛以大商业

---

① 张雪慧,王恒杰.从几份档案中看滇藏经济贸易——兼谈对云南藏区社会经济与历史研究的重要性[J].中国藏学,1989,(1):11.

② 解乐三.云南马帮运输概况[A].//政协云南省文史资料委员会.云南文史资料选辑:第九辑[C].1965:233.

户的身份,雇马锅头组织而成。他们进藏或往康区打箭炉和大理、丽江等地区进行贩运贸易。不仅拥有自己的骡马,而且还有寺院的庄户充任驮夫;有的活佛和喇嘛还投资,由地方俗家外出贩运,获利后分成。

在长期的滇藏贸易交往中,藏族商帮与纳西族、白族等其他民族的商帮之间形成了一种特殊的贸易方式,即房东贸易制。来自西藏、康巴的藏族马帮商人运货到丽江、中甸等地后,就住在比较固定的马栈房东家里,马栈房东居中介绍,当商务经纪人帮助藏商进行贸易。马栈不收住宿费用,而是根据房东替客商出外交涉买卖的成交额不收取一定的"牙钱",一般称之为"牙用"或"牙佣"。据王恒杰先生等人在丽江的大研镇、中甸的中心镇、德钦的升平镇、维西的保和镇对民国时期当过房东的老人的调查,"牙用钱的抽取,通常是以物品的单位、价值及货物的包装单位来计算的,如衣服是以件计,糖以盒计,虫草、贝母等以斤计算,麝香以个计,皮以张计,布以件计,黄金以两计,牲畜以头计,茶以驮计。如相同的货质量好的,价钱高,牙钱可以收一倍;有时物品珍贵,可以加收;如果生意顺利,还可加以十分之一。"①这样,客商会给房东带来一笔可观的收入。所以,房东对远来的藏族商帮也尽力保护,使他们免受敲诈勒索。房东们都以照顾好自己的客户为荣。同时,藏族商人一旦与某个房东建立了信任感和友谊,就形成了固定的主顾关系,且大多终身不变。

(6)哈尼族马帮②

哈尼族绝大部分集中分布于滇南红河和澜沧江的中间地带,亦即哀牢山、无量山之间的广阔山区。哀牢山区元江、墨江、红河、绿春、金平、江城等县,是哈尼族最集中的地区,总人口占本族的75%左右。

近代哈尼族马帮主要以元江县咪哩村的李和才为代表③。

(7)普米族马帮

普米族主要居住在云南兰坪县和宁蒗县。这里位于滇西北高原,云岭

---

① 云南省委员会.解放前纳西族概况[A].//《民族问题五种丛书》云南省编辑委员会.纳西族社会历史调查(二)[C].昆明:云南民族出版社,1986:13.

② 胡阳金.云南马帮[M].福州:福建人民出版社,1999:65.

③ 胡阳全.云南马帮[M].福州:福建人民出版社,1999.65.

山脉由北向南倾斜,崇山峻岭连绵千里。平均海拔2200米,最高海拔为3500米。高山上的草地是天然的牧场,畜产以骡马、羊驰名。在普米族中许多村子都有马帮,一般是一个村组成一个马帮,并选一个马锅头,通常情况是每人管五匹马,并携带途中必需的锅、水桶、粮食、盐和马料等物。赶马人出门时,男子携带一把短刀,作护身或切削东西之用,腰上系挂一小巧的多格皮腰口袋,内装取火工具、烟、钱等随身必备的零星物品,肩上斜挎一个口小腹大的皮口袋,内装干粮和其他物件,背运东西,常以皮绳捆拴,不用背架。

普米族在20世纪50年代初以前,由于物资生活水平较低,文化水平也极有限,所以连算盘这样的计算工具也不使用。日常生活中需要计算时,则以石子和粮食等物作数码计算。如当地赶马人经商的人结账时,取大、中、小石子若干,代表百、十、个位,计算时每个人报告自己支付的数字,就在地上堆相应的石子。最后看石子总数的多少就知道总支付的数目。然后按人分摊,每人一份。扣除自己垫出的部分,最后实行多退少补①。

除了上述各民族马帮外,在云南的拉祜、佤、景颇等民族中也有一定数量以养马、赶马为业的小马户。

二、云南马帮的组织结构与行规禁忌分析

(一)云南马帮的组织结构

在马帮的历史发展过程中,随着马帮队伍的壮大与规范化,马帮自身内部的组织结构也在不断发展与完善。正规组织或有一定规模的马帮队伍,通常都有着分工负责、权责明确的组织结构。②

首先,马帮的主要首领"大锅头",又称为"马锅头",是马帮运输的组织者,统领一定数量的骡马。大锅头一般都有勇有谋,沉着镇定,面对路途上

---

① 《普米族简史》编写组.普米族简史[M].北京:民族出版社,2009:67.
② 胡阳全.云南马帮[M].福州:福建人民出版社,1999:65—67.

的险境,经济上的挫折都能泰然处之,绝不惊慌失色。他们对道路、驿站、桥梁、关隘等交通情况都了如指掌;对各地的商业情况,土特产产地、价格等也十分熟悉;还与各种帮会、团伙、政府有关人员以及沿途各驿站的老板、老板娘,大大小小的商号、生意客都有相当密切的关系。当然,他们对本帮的人员、骡马情况更是再清楚不过。所以大锅头对内都有一套严格的管人管牲口和管财的方法;对外则显得见多识广,善于见机行事,随机应变。此外,不管是对外或对内,大锅头都要办事公道。

其次,"二锅头",主要负责管理马帮账务,合计马帮的伙食开销等。大锅头不在时,他可以掌握全盘。马帮开销的核算,是"人吃马头抬",即每匹骡子都要支付一份马料钱。

再次,赶马人,大多来自贫困农牧民家庭,是为了谋生而去帮商帮或大锅头赶马。由于劳动强度大,因此商帮和大锅头对要求参加马帮行列的赶马人都有一些规定:(1)要懂得天时地理,年轻力壮,能抬枪抗敌;(2)一个人能赶四五匹马,懂得养马喂马;(3)懂得马帮的规矩,会讲"行话",不犯忌讳;(4)要有一技之长,如钉马掌或懂一些少数民族语言,会敲铓锣等等。

马帮除了有大锅头、二锅头和赶马人外,在多数的大马帮队伍中,还设有多种专门人员。如"马脚子",即专门装卸驮子、照料牲口的精壮汉子。马脚子的多少一般是视马匹的多寡而定。"打头站"的人,即担任行程安全的人,由马锅头临时从赶马人中指派,主要负责马帮的安全和选择宿营地。此外,还有兽医、马夫、修理、钉掌等人;有时还设有翻译人员和外交人员。翻译人员多数懂汉、缅及多种民族语言。外交人员则要负责对外联系,并与翻译配合,沟通所到达地区的联系等。马帮上路时由于队伍过长,为了前后呼应,有的还设有专人敲铓锣。

在骡马队伍的编组方面,由于马帮的地方观念和行帮习俗特别浓,因此,也有一些规定。马帮的第一匹骡子叫头骡,第二匹叫二骡,行话分别称铜铃、二超。头、二骡是一个马帮的带头马,体现了一个马帮的气势声威。所以,头、二骡必须选择雄骏高大、膘肥体壮的骡子,两匹骡子的毛色、体形、容貌一致为最佳。头、二骡佩用的笼头、鞍鞯异常考究,用丝绸毛线、彩带绣球、圆镜等精心制作。饲养也比其他骡马精细,以资对头、二骡的鼓励。头骡不但要体态壮健,具备胆大、敏捷的素质,还要能识途领路和训练有素,能辨听赶马人的各种口令;二骡要有促赶头骡的灵性,行话说,"头骡不走二骡催"。头骡极有权威,它一旦开步,整个马帮即走;它一旦停步,马帮即停。途中如遇河沟,头骡过桥则无一匹骡马涉水,头骡涉水则无一匹骡马过桥。

头、二骡的装饰很讲究。头骡的脖颈上挂两个大铜铃,头戴红缨,顶一簇火红的牦牛尾巴,花笼套正中镶有一面圆形"照妖镜",前胸两边各挂一簇红缨叫"前超",后腿两边也各挂一簇红缨叫"坠腿",鞍心架梁上一般插有一面锦旗,旗上绣有马帮的代号。二骡脖颈挂六至十八个小铜铃,又叫"超子"两朵缨花飘耳根。头、二骡经装饰后愈显威武雄健。马帮中最后一匹骡子叫"掌尾",也有的最后一匹骡子(大马帮有的四至五匹)专驮炊具和食品。其余骡马配置的鞍具包括笼头、缰绳、套口、攀胸、肚带、革秋索、架索、架弓、竹瓦、糠包、鞍垫、架子、马鞍等。架子上捆扎好驮运的货物叫"驮子",抬置于骡马脊背的鞍上,系好马肚带、套口、笼头、缰绳后,即可启程。

(二)云南马帮的行规禁忌

在长期地营运过程中,云南马帮形成了一整套不成文的行规禁忌。这些行规禁忌,既是云南各地区各民族思想文化的集中体现,也是马帮货物运输实践经验教训的深刻总结。一般来说,马帮的形成发展过程,也是这些行规禁忌不断形成、丰富的过程;马帮规模越大,行规禁忌越复杂,也越受到重视。

信誉是马帮的生命力,也是马帮运输活动中的首要行规。由于并非处于法制社会,马帮的经营几乎完全靠的是信誉和信用。马锅头绝大多数是极有信誉之人,从来都是说一不二,十分干脆果断,而且说到做到,绝无戏言。只要预先交付一点定金,他们就会尽心尽力完成任务,万无一失,所以深得商旅信任。特别是在滇藏贸易中,滇藏两地的各族赶马人对待商旅,都以忠厚朴实著称,在交易上,以信为本,诚恳待人。藏商住住只承认第一次与其业务成交的马帮,在此之后,一切交易均与其往来,双方说定价格,即可将货物运走,即使无现款支付也无关紧要,只要说明何时交付就行了。但是一定要守信誉,遵守诺言,到时候一定付清。这种信誉建立之后,即使双方成交的数额很大,也无需订立合同,在交易中都能信守诺言,较少出现欠债、诈骗等纠纷。① 一旦出现什么意外,哪怕自己吃亏贴进去,也要保证客户的利益。因此,只有讲信誉、重诺言的马帮,才有发展前途、不断壮大。马帮之所以能够这样,一方面有赖于传统伦理道德,另一方面,这一道德基础又与茶马古道沿途边远山区纯朴无欺的民风融为一体,使之得以维持。②

马帮是集体行动,人马要一条心,人与人更要一条心,要相互团结,讲究合作,有事相互帮助。骡马虽分到人,一人管一把(4～5匹),但有情况相互通报、相互支持。不论谁的骡马践踏了路旁的庄稼,如果需要赔偿时,一律按马头均摊。途中有人生病,全马帮就会并驮,空出一匹骡马让生病的人骑。如果病重需要治疗,马帮就要停下来,想办法找医生为其看病,直到能上路为止。吃饭时,除了肉各人一份是平均的,吃饭吃菜,各人尽量吃饱。分钱时,也尽量合理,做到"同锅吃饭,就地分钱"。③ 不论谁的骡马走失了,整个马帮都要停下来,大家分头找,直至找到为止。要是路上碰到什么事情,马锅头也会征求大家的意见,很少独断专行。

尊重沿途各民族风俗,尤其尊重妇女。云南是多民族的省区,马帮沿途要经过很多少数民族地区,各个少数民族的风俗不尽相同。马帮对各民族的风俗习惯都有所了解的,出门随俗,这是必须遵守的。谁违反了,就要受到处罚,因为这往往关系到马帮整个群体的安全问题。在各种风俗中,尤其强调要尊重妇女。沿途对老人和妇女要求和气,不准调戏妇女。在与妇女对唱山歌时,可尽情谈天说地,但不准涉及下流黄色的内容,更不准在野外与妇女发生不正当关系。因为他们认为这样会得罪山神。山神发怒,就会有性命危险。赶马人常年在外,妻子守家。一般人为忠于自己的妻子,从不

---

① 陈汛舟,陈一石.滇藏贸易历史初探[J].西藏研究,1988,(4):56.

② 李旭.论大西南马帮精神[J].云南民族学院学报:哲学社会科学版,2000,(3):42.

③ 王明达,张锡禄.马帮文化[M].昆明:云南人民出版社,1993:172.

寻花问柳;有的人有情人,可以幽会,也可以到未婚女子和寡妇家(在民族风俗允许的地区)歇宿,但决不允许与有夫之妇交往。

爱马如命,保护骡马。马帮对于自己的运输工具——骡马是十分珍惜的。爱护马匹,是赶马人的公德。通常,上路前,要钉好马掌,加好鞍架。头骡、二骡和每一匹马都要打扮好。俗话说:"人要衣裳,马要鞍装"。走了一稍,要给歇口气,卸下驮子,让骡马轻松一下。夜里,要给骡马添草料,因为"马无夜草不肥","马是绵铁,料是钢"。晚上喂得好,第二天都有力气。马有力气,才走得动、驮得起。①

马帮在运输途程中,不论赶马人或搭帮旅客,除了严格遵守马帮行规外,还要讲"行话",不能犯忌讳。犯了忌讳,将触犯神灵而罹祸,甚至要殃及整个马帮队伍和随行人员。赶马人的禁忌分为两类:一类是语言禁忌,主要是在行程中不能说一切不吉利的语言,要说马帮行业的行话。狼虎豹蛇是马帮的四大忌,对人马有害,直呼其名会冒犯神灵,就会遭到报复,因此在途中提到这四种东西,就必须分别用"老灰"、"老猫"、"搂"和"老梭"代称。不吉利的词禁用。比如,"碗"因与完蛋的"完"同音,要改称"莲花";刀子是凶器,改称为"片片子";"抢财物"、"吃肉"是马帮最忌讳的词语,发生了抢劫就要说"打财喜了",吃肉则要说成"下箸";"散"、"完"之类的话就更不能说了。另一类禁忌则是行动禁忌。马帮出门之前要选择吉日。一般来说,逢农历初一、二、六、八都是好日子,禁忌三(出丧)、四(出事)。遇驮运贵重的货物,要请巫师来择吉日。临行前还要算卦以示吉凶福祸和去向。马帮吃饭的规矩颇为复杂。马帮朝哪个方向走,生火做饭的锅桩尖必须正对那个方向。谁不小心打翻了锣锅,把米、饭泼撒了,就犯了大忌。开饭时,马锅头坐在锣锅正对对面,面对要走的方向。盛饭时,要用手按住锣锅,不能使其转动;用勺盛饭时,只能从皮头轻轻地一层层地盛,锣锅转动了或是一勺挖了个洞,在马帮看来都是不好的兆头。吃饭时,赶马人只能蹲在锣锅两边,不能蹲在马帮前去的方向,不然会"挡了马头";盛饭的时候不能往下

① 王明达,张锡禄.马帮文化[M].昆明:云南人民出版社,1993:173.

筷子,不然会"快落"、"亏本";第一碗饭不能盛汤,不然会"泡汤,下大雨";勺子不能漂在汤锅里,不然会"漂鸭子,泡在水里"。马帮行路也有很多禁忌,比如:头骡不走,不准走;乌鸦在头上乱叫,不准走;有匪情,不能走……①

上述行规禁忌,所有的赶马人(包括马锅头)都必须无条件地遵守。不论谁有意无意地违反了,就要受到处罚;与马帮同行的商客或者其他人触犯了,也同样受罚,没有例外。对于犯忌的人,处理方式有三种:罚、打、开除。罚,即罚款买肉,请全体人员美餐一顿。打,就是把马料箩往头上一罩,按翻在地,用烧红的锅桩裹上浸足水的席子重打屁股。罚和打是对无意犯忌的人。如果明知故犯,并且屡教不改的,最后只有开除出马帮完事。②

三、结论

云南马帮的组织类型复杂多样,但作为一种经济组织,其形成与发展是不断满足云南各族群众货物运输和经济生活实际需要的结果。

以民帮为例,马帮的形成与发展大致经历了以下几个阶段:开始时,各家各户只是将自己的马匹用于货物交通运输。随着商品经济的发展,需要对商品进行长途贩运,一人一马或一人两马、三马承担不了,只好几个人相约为贩运某一批货物进行合作运输,最初的马帮由此形成。但这种马帮往往只在农闲时节临时组织;或者只为了运输某一批货物而临时凑合在一起,一旦任务完成,人马随即解散,因而最初的马帮属于临时性马帮。后来,由于商品流通由少量贵重物品的流通发展为大宗一般性日常必需品的大规模流通,而且运输路线越来越长,以至几个月、甚至一年才能完成一个来回,临时性马帮已经不能适应这种要求,于是出现了专业性马帮。这些专业性马帮的人和马,已经基本上与农业或畜牧业分离,成为专职从事货物运输的马

---

① 王明达,张锡禄.马帮文化[M].昆明:云南人民出版社,1993:183—184.
② 杨禹.活跃在山里的运输队[A].//政协云龙文史资料委员会.云龙文史资料:第三辑[C].1989:77—78.

帮组织队伍。开始,专业性马帮通常由商帮自己组织,把货物运输与贩卖结合在一起;后来,有些赶马人以此为业并积累了一定的资本,拥有大量马匹,也具备自己雇用马夫的能力,但他们自己不经商,也没有商号或商行,只是专门为其他商人运输货物,由此从商帮的马帮中独立出来,成为专门从事运输的马帮,即单纯性马帮。直到建国初期,由于商品货物的种类、运量、距离及运价等因素的不同,上述三种马帮形式同时并存,各得其所。

不同的马帮类型,却形成了大致相同的组织结构与制度。对于初期的临时性马帮,组织结构相对较为简单,往往只需要推举一名首领或小锅头就够了。专业性马帮产生后,则都会建立一套严密的组织结构与制度。从人员构成看,马帮队伍一般有大锅头、二锅头、赶马人及若干专职人员组成。其中,大锅头是整个马帮队伍的头号首领,其他人要入伙搭帮,大多要向大锅头交纳一定数量的钱物。对大锅头的要求比较全面,既要智勇双全,又必须熟悉商情、风土人情、道路、驿站等各方面的情况。更重要的是,他必须有一套完善的管理手段,能当家理财,管理好马夫、牲口和财物。从马帮规模看,马帮的大小一般按牲口多少区分,5 匹牲口称为一把,5 把为一小帮,一个马帮少则 10 多匹牲口,多则成百上千,赶马人与骡马匹数的比例一般为 4 匹骡马配备 1 名赶马人。

在长期货物运输活动中,云南马帮形成了一整套不成文的行规禁忌。这些行规禁忌的来源有三个:一是来源于各民族所信仰的原始宗教。对自然的崇拜、敬畏,形成了最初的规矩和禁忌。赶马人祈望通过自我约束的信仰形式,把自然界"种种异己"的力量转化成"顺己"、"助已"的力量,[①]以获得神灵的恩赐帮助和避免惩罚;二是来源于求平安和避祸心理。由于自然环境恶劣,加上生活困苦,培育了云南赶马人敦厚纯朴、严于律己的性格与品质。三是来源于赶马人的劳动实践。长年累月的赶马生活,使赶马人逐渐认识到某时到某地做某事,容易导致灾祸;或某时到某地食某物会使骡马罹病等。为使以后不重蹈覆辙,通过总结成功与失败的经验教训,从而形成

了赶马人共同遵守的行规禁忌。从马帮行规看,主要体现为赶马人共同认同和遵守的伦理道德观念,主要有:讲信义,重诺言;讲团结,互帮互助;尊重各民族风俗信仰,尤其尊重女;爱马如命,善待骡马等。李旭先生把云南马帮的这种行规生动地概括为冒险、勤勉、宽容亲和、讲信誉守信用、爱国、创新意识、反抗的的马帮精神①。从马帮禁忌看,主要包括语言禁忌和行为禁忌。一般来说,马帮的形成发展过程,也是这些行规禁忌不断形成、丰富的过程;马帮规模越大,行规禁忌越复杂,也越受到重视。

① 李旭.论大西南马帮精神[J].云南民族学院学报:哲学社会科学版,2000,(3):42.

第三章 云南马帮的运输货物变迁分析

从严格的意义上说,没有大量的商品供给及日益频繁的商品交换活动,就不可能有马帮的形成与发展。然而,不同的历史时期,云南马帮驮运的货物也有所不同。本章对云南马帮运输货物的变迁分析,主要包括三个方面的内容:一是贵重物品与日常用品,分别介绍了唐宋以前以贩运贵重物品为主和唐宋以来由贩运贵重物品为主向贩运日常必需品的转变;二是走私物品与特殊物品,分别介绍了鸦片等走私物品的运输、抗战时期军用物资的运输和解放后建设与救灾物资的运输;三是运输货物的运价及其影响因素。

一、贵重物品与日常用品

(一)唐宋以前以贩运贵重物品为主

秦汉时期的云南,尽管地处边疆地区,但与中原及相邻地区的经济文化往来已经很密切了。前秦及秦代,通过"庄蹻入滇"和修筑"五尺道"①,秦王朝在"西南夷"地区(即今四川、云南一带的西南地区)建立了直接统治;汉代,中央政府大力开发"西南夷"地区,贯通了"南夷道"、②和南方丝绸之路

---

① "五尺道",北起僰道(今四川宜宾地区),经朱提(今云南昭通地区),南抵味县(今云南曲靖地区)。因道宽五尺而得名。参见:[汉]司马迁.史记·西南夷列传[M].卷一百一十六,北京:中华书局,1959:二九九三.

② "南夷道",是以秦代"五尺道"为基础修筑的从僰道(今四川宜宾地区)通往牂牁江(今云南东北、东部地区),南抵句町(今云南文山地区)、进桑(今云南河口县)和南越的道路。参见:[汉]司马迁.史记·西南夷列传[M].卷一百一十六,北京:中华书局,1959:二九九三.

的"灵光道"①等交通路线,并在云南推行郡县制,进一步加强了内地与云南的政治、文化联系。以交通道路的开辟和政治统治关系的建立为前提和基础,云南与内地及周边地区的经济文化联系通过马帮得以建立和发展,云南社会商品经济得以初步发展,并形成了一条以成都为起点,经云南、缅甸、印度、阿富汗等地的"西南丝绸之路"。通过这条商路,云南马帮从内地及成都把铁器、铜镜、丝织品和瓷器等物品输入云南各地及东南亚各国,同时把金银、珠宝、玉石、香料、象牙、犀角等外国物品及云南生产的畜牧和畜产品、青铜器、朱提银、铜铣等产品输往内地。据《史记》记载,秦汉时期,关中与四川之间、四川与云南部分地区之间,"栈道千里,无所不通"②。

在云南马帮产生的初期,马帮所贩运的货物主要以贵重物品或奢侈品为主。这是因为:(1)贵重物品是相对于廉价的日常生活消费品而言的。由于贵重物品的需求长期大于供给,价格大幅度背离价值,通过经营贵重物品通常能够轻易获得高额利润。《战国策·秦策五》中记载:"耕田之利几倍?曰:十倍。珠玉之赢几倍?曰:百倍。"这里所说的十倍、百倍未必是实数,但足以显现经营贵重物品的利润比从事农耕大得多。③正是由于贵重物品的高收益与高回报,这强有力地促进了云南马帮的形成与发展。(2)在唐宋以前、特别是秦汉时期,由于受当时交通运输条件的限制,笨重的生活必需品不能远程运输;同时,自给自足的自然经济结构占统治地位,广大群众的一般生活必需品普遍自产自用和自销。汉代社会上流行的谚语说:"百里不贩樵,千里不贩籴"。④因此,在唐宋时期以前,云南马帮所贩运的多为较贵重的物品或奢侈品。

秦汉时期,以交通路线的开辟为基础,西南地区的商业开始走向勃兴。到了汉武帝时期,内地与边疆各兄弟民族地区及周边国家的贸易往来日益

---

① "灵光道",即南方陆上丝绸之路,由四川成都出发,经邛崃、雅安、汉源,到达西昌、盐源,然后渡过金沙江进入云南大姚,经祥云、大理翻越永平博南山、渡过澜沧江和怒江,进入保山、腾冲,然后从迪庆出国,到达缅甸、印度、越南、老挝等国。参见:王明达,张锡禄.马帮文化[M].昆明:云南人民出版社,1993:32—33.

② [汉]司马迁.史记·货殖列传[M].卷一百二十九,北京:中华书局,1959:三二七一.

③ 罗群.近代云南商人与商人资本[M].昆明:云南大学出版社,2004:54.

④ [汉]司马迁.史记·货殖列传[M].卷一百二十九,北京:中华书局,1959:三二七一.

频繁,并形成了一条以成都为起点,经云南、缅甸、印度、阿富汗等地的"西南丝绸之路"。通过这条商路,云南马帮从内地及成都把铁器、铜镜、丝织品和瓷器等物品输入云南各地及东南亚各国,同时把金银、珠宝、玉石、香料、象牙、犀角等外国物品及云南生产的畜牧和畜产品、青铜器、朱提银、铜铣等产品输往内地。文史资料表明,秦汉时期,云南马帮所长途贩运的贵重物品数量很大。据考古发掘,"在腾冲城里,八里峰山下核园荒坟中,乡人杨姓掘地,发现汉五铢钱,共数千枚。"[1]又如,有学者认为,当时张骞在西域所见之"蜀布",实际为云南永昌(今腾冲)产的"桐华布"、"火浣布",是马帮从蜀地贩运到西域的结果[2]。近年在陕西、山东、四川、浙江等地先后出土有纪年、地名及铭文的朱提(今云南会泽)、堂狼(今云南巧家)铜器五件,即山东苍山柞城遗址出土的"永元二年(公元90年)堂狼造洗";湖北江陵东汉晚期墓出土的"和平二年(公元151年)堂狼造"铜斗;陕西勉县东汉墓出土的"元兴元年(公元105年)堂狼造"洗;四川宜宾出土的"建初四年(公元79年)朱提造作"洗、"延平元年(公元106年)堂狼造作"洗[3]。

东汉末至三国、两晋、南北朝时期,"西南夷"地区被称为"南中"或宁州。虽然这段历史时期内地一直是军阀混战割据,战乱不断,封建中央王朝对云南的统治只是流于形式,但由于马帮的作用,云南与内地及周边地区的民间经济文化往来从未中断。当时,云南产盐,属贵重物品,通过马帮运销省内外各地。樊绰的《云南志》中说:"安宁城中皆石盐井,深八尺。城外又有四井,劝百姓自煎。升麻、通海以来,诸爨蛮皆食安宁盐"[4]。

(二)唐宋以来由贩运贵重物品为主向贩运日常必需品的转变

唐宋时期,中央政府把加强疏通与各少数民族之间的往来道路作为要

---

① 谢本书.汉代五铢钱在腾冲[A].//谢本书.腾冲史话[C].北京:人民出版社,2002:12—13.

② 张波,赛宁.汉晋时期西南丝绸之路上的永昌道[J].云南民族学院学报:哲学社会科学版,1990,(2):4.

③ 胡阳全.云南马帮[M].福州:福建人民出版社,1999:29—30.

④ [唐]樊绰撰,赵吕甫校释.云南志校释·云南管内物产[M].卷七,北京:中国社会科学出版社,1985:262—263.

政,重视修通内地到边疆的水陆交通要道。唐贞元时宰相贾耽把"从边州入四夷之路"概括为七条,其中就有两条道直通云南南诏、大理政权境内。①同时,以中原唐宋王朝的兴盛为背景,云南南诏、大理地方政权也获利了一个相对较长的和平发展时期,通过加强交通要道建设积极发展商业。道路交通状况的改善,极大地促进了内地与云南边疆地区及周边国家的经济文化交往,并促使马帮贩运的货物开始由贵重物品向日常必需品转变。到了元明清时期,云南正式成为中央王朝的有效管辖地区,中央王朝通过在全国范围内建立起来的驿传交通路线网("站赤"),把云南与全国各地紧密联结在一起,由此也实现了马帮贩运的货物由贵重物品为主到日常必需品为主的转变。

从历史角度分析,马帮贩运货物的这种转变,既有必然性也有可能性。从必然性看,一是随着社会生产力发展,内地和云南的农业、手工业迅速发展,社会财富与物品越来越丰富;二是随着云南与内地、中央王朝与周边国家联系的日益加强,各族人民经济文化交流的内容也越来越丰富,交流的层次也越来越平民化。从可能性看,一是随着云南内外交通道路条件的不断改善,以农业、手工业发展为基础,云南的商业发展迅速;二是云南自古以来养马业发达,能够为日常必需品的贩运和大规模马帮队伍提供充足的骡马。

唐宋时期,南诏、大理政权实行鼓励商品生产的政策。对有手艺的小商品生产者,采取特殊照顾政策。《新唐书·南诏传》中载,"不徭役,人岁输米二斗。一艺者给田,二收乃税。"②可见,"一艺者"不但能分得田地,而且还免除徭役,仅"输米"纳税。这种优待手艺人的特殊政策,是因为"一艺者"是当时先进生产技术的代表,有利于推进社会生产力发展。随着商品生产的发展与繁荣,云南马帮运输的货物日益丰富起来。当时从云南输入内地的商品有鸡、鸭、鹅、茶、刀、毡、甲胄、漆器等手工艺品,同时从内地输入书籍、缯帛、瓷器、布料等③。

---

① 王明达,张锡禄.马帮文化[M].昆明:云南人民出版社,1993:78.
② [宋]欧阳修,宋祁.新唐书·南诏传[M].卷二百二十二,北京:中华书局,1975:六二七〇。
③ 杨聪.大理经济发展史稿[M].昆明:云南民族出版社,1986:208.

元明清时期,随着封建地主经济在云南的确立,商品经济迅速发展,过去那种较少的商品交换所采取的相对较小规模的马帮运输方式,逐步深化为与商品经济快速发展相适应的较大规模的马帮运输队伍了。总体上来看,明清时期云南马帮所承揽的主要货物是盐、茶、铜。①

关于盐的运销。云南自古以来盛产食盐,隋唐时期就已经开始食盐的开采了,到了明清时期达到了鼎盛。以清代为例,开采的盐矿有二十余座,主要是滇中的黑井、白井、琅井;滇西的乔后井、喇鸡井、云龙井、弥沙井;滇南的磨黑井、石膏井、益香井、按板井、磨歇井等。食盐运输主要是县际之间的运输,远则五日程,近则一日程。主要依靠小型马帮运,多者百匹,少则十余匹,这是人民生活不可缺少的运输力量。每年各县之间至少有四、五千匹驮马运盐。

在明清时期,中央政府全国各产盐省区均设盐课提举司及所属盐课司,管理食盐煎销供应事宜。《明史·食货志·盐法》载:"有明盐法,莫善于开中。……召商输粮而与之盐,谓之开中。"明代的开中盐法,是指招盐商以粮米运交政府指定的省、县,取得当地政府发给的收粮提盐的收据(即盐引),然后到产盐地区提取食盐,并运往各地销售。明洪武十五年(1382年)云南平定后,政府当即在云南设置盐课提举司并实行开中。据《明实录·洪武实录》卷一五〇载:"洪武十五年十一月丙午朔,……置云南盐课提举司及所属盐课司。凡兰州盐井等处岁办大引盐一万七千八百七十有奇。"按《明史·食货志·盐法》载:"大引为四百斤,小引为二百斤。"据此计算,洪武十五年云南各产盐区共产食盐714.8万余斤。《明实录·洪武实录》卷一五〇又载:"洪武十五年十二月……丙申,户部奏定安宁盐井中盐法:凡募商人于云南、临安二府输米三石,乌撒、乌蒙二府输米二石八斗,沾益州、东川府输米三石五斗,曲靖府输米二石八斗,普安府输米一石八斗,皆给安宁盐二百斤。"这一记载反映了明王朝以安宁出产的食盐换取了大量的粮米,并经过马帮运输分配到云南、临安、乌撒、乌蒙、沾益、东川、曲靖、贵州普安

① 胡阳全.云南马帮[M].福州:福建人民出版社,1999:34~38;杨毓才.云南各民族经济发展史[M].昆明:云南民族出版社,1989:306—307.

等府、州。《明实录·宣宗实录》卷四二载:宣德三年(1428年)闰四月庚子,"于金齿各处预备粮饷。……黑、白、安宁、五井四盐课提举司岁办盐三万九千引,……"。明王朝为了征讨麓川,在保山德宏地区储存粮饷,责成黑、白等井四盐提举司大量生产食盐,于是这年的食盐产量以大引计达到1560万斤之多,为洪武十五年的两倍。到了明宪宗成化年间,云南产盐量更多。据《明实录·宪宗实录》卷一三九载,成化十一年(1475年)二月乙亥,"开中云南黑、白等井盐课十七万七千余引于贵州,每引纳米六斗"。至此,云南盐产量达7080万斤,为宣德三年的4.5倍,接近洪武十五年的10倍。清初,云南产盐量虽然有所减少,但据《滇系》卷四之一《赋产》的记载,其产量达到27287436斤。

可以想象,要把那么多的食盐由产盐地区运往各地销售需要多少骡马;而除了使用云南各族人民所驯养的熟悉山区道路的骡马外,是很难把这么多的食盐运出销售的。因此,自明代以来,居住于产盐地区的云南各族中出现了不少专门从事驮运食盐的马帮。他们或为汉族盐商所雇用,或自己就是盐商,从事运输食盐而致富,有的因此而成为地主兼富商。比如,在清朝年间,清政府为了在滇中推销盐斤,对盐商特别优待,采取先盐后税的措施,名为"记盐税",即先将盐驮运到昆明销售后,才完纳应征和盐税。那段时间,有一个收张彬然的,混名"张花子",贫苦出身,他向盐提举抄"记盐税"到销区出售,由于甲月抄盐,丙月缴税,自备马匹,并且自运、自销,占优厚条件,周转很快,经常挪用税款,尽量扩充马帮,没几年就成为大马锅头和大盐商。到清朝末年,"张花子"一变而成为"张百万"。

明清时期云南运盐马帮业的发展,连位于高黎贡山西境、与缅甸山水相连的片马商道,也成为了食盐出口的重要商道。由于滇西拉鸡井(兰坪县)、五井(云龙县)、乔后井(洱源县)生产的盐品质优良,深受缅甸居民的欢迎。每年从片马商道出口的盐约1.5万驮,成为除生丝外的大宗出口商品。盐的利润大,从产地运到腾冲出口,可获利一至二倍。因此,商人马帮争相贩运,使得怒江弯道上的运盐马帮络绎不绝。

关于茶的运输。云南是我国著名的产茶区,据考证,世界上大叶种茶的发源地就是云南。云南茶叶95%以上的产量集中在现在的思茅、西双版纳和临沧一带，主要有临沧、双江产的"勐库茶"，凤庆产的"凤庆茶"，景东、景谷产的"景谷茶"，勐腊、江城产的"大山茶"等。

明末清初，云南茶叶的生产进入了一个鼎盛时期，仅清代乾隆、嘉庆年间，云南的普洱茶、勐库茶、凤庆茶的年产量就达10万至12万担。云南的茶叶除少数供当地居民饮用外，其余的均作为商品，由马帮运销到省内各县和四川、西藏。当时，西双版纳几乎家家种茶、户户卖茶，马帮塞途。仅中甸、德钦（当时称为阿墩子）的马帮每年有驮马300至500匹来到西双版纳托运茶叶，销往西康、西藏，销量每年约3000担。又如，在丽江的贸易市场，每年九月到次年春节都有藏族马帮络绎不绝地来到这里，交易的商品中仅茶叶即达5万斤之多。后来，汉族、白族、回族、纳西族马帮也参与此行列，贩茶到藏区。此外，当时清廷还将普洱茶列为"贡茶"，要求云南每年上缴6.5万斤。同时被列为"贡茶"的还有南糯茶、攸乐茶、易武茶，这些贡茶也主要由云南马帮驮运进京。

关于铜的运输。云南盛产有色金属，从公元17世纪以来，云南的铜、锡、铅、银就享有盛名，特别是铜矿之丰，在全国首屈一指，号称"滇铜甲天下"，引起全国瞩目。清代乾隆年间（1736～1795年）是滇铜生产的极盛时期，年产1200万至1300万斤，而每年运往京师的"京铜"就达六七百万斤。陆路全靠马帮驮运，一年分六批运输，每批需驮马4000至7000匹，赶马人上万，除官府调集少量官马外，其大部分来自云南民间。乾隆时期数以万计的骡马都集中到了东川矿区，编为庞大的马帮运输队。因而，当时东川出现了"京广商人麇集，马帮络绎"的景象。各路马帮在官兵监督下由大锅头、二锅头率领，将铜运往贵州、湖南下船。此外，当时湘、鄂、浙、闽、粤、赣各省所需铜也大部分由滇省供应，每年达二三百万斤，作为鼓铸铜钱、制造器皿之用，这部分滇铜也主要是依靠马帮运出云南的。

上述盐、茶、铜的运输，使得每年都有由马帮组织的数万匹骡马往返于边疆各地、内地和海外。而马帮的发展，又促进了云南商品的生产和流通，特别是盐、茶、铜等大宗商品和日用必需品的生产和流通。

二、走私物品与特殊物品

(一)鸦片等走私物品的运输

鸦片(俗称大烟)是英帝国主义用来掠夺中国人民财富、毒害中国人民身体的一种毒品。鸦片从十八世纪末期即大量输入中国,理所当然地受到中国人民的反抗和抵制。清政府迫于形势,下令禁止进口,从而发生了1840年和1856年的两次鸦片战争,但都因清廷腐败而告失败。鸦片由此大量流入中国,流毒深广。云南地属边疆,受害不浅。鸦片不仅被公开贩运、吸食,而且到处栽种,罂粟遍地。近代及民国时期,政府虽曾几次禁烟,但始终没有禁绝。由于鸦片走私利润极大,有些不法之徒,为私利所诱惑,胆大包天,在禁烟之时大做鸦片走私生意。在这种历史背景下,有的马帮锅头也铤而走险,贩运烟土,以获取巨额利润。

1916年至1917年间,我国内地禁烟,而滇缅边地遍种大烟,有人组织马帮通过文山麻栗坡入境把大烟贩卖到内地,大批走私,极盛一时。每走一帮,都有1000至2000多驮。以云州(今云县)安正明,蒙化(今巍山县)马采廷等为重心,只要有人介绍,有人有本钱,有枪有马,贩卖鸦片的马帮就能组织起来。每马只驮25~30公斤,每人只管理1匹马。路线从滚弄过江进入云南境内,走孟定、耿马、过缅宁、双江边界,从马台江过景东,由双柏、易门交界过峨山境至玉溪。又有由孟定走镇康、过昌宁、顺宁境,从蒙化、南涧走楚雄山区过双柏、易门达玉溪。还有人沿途走小路、走山路、走边界,不经县城市镇,遇匪遇官兵都开枪打。有时夜里走,有时昼夜不停地走,而到达玉溪目的地。买主都是有过联系的,卖了货分钱解散,分头各自办理。走麻栗坝的人,要买好小洋(缅硬币),故当时下关交易小洋的甚多。尤其在春节前后,交易更多,因"夷方"烟会期届,准备走麻栗坝的人,都要买好小洋,价值在32~33元,有时涨到35~36元。1918年前后,在昆明以滇币800元汇香港得港币1000元,港币1000元汇仰光能得卢比3000余元。每百小洋由香港转仰光成本只26元,最高27元,而在下关卖给烟帮已有20%以上的利润。①

以贩运鸦片为目的组成的马帮叫烟帮,民国时期云南烟帮中较为有名的是元江的迤萨帮。民国元年(1912年),政府禁种大烟,广东人由河口循红河坐船来迤萨采购,烟价突涨,迤萨人就三三两两地趁机组织马帮到墨江采购回来转卖。因买主多卖主少,销路越来越大,贩烟利润极高,经营的人便多起来,以致墨江、磨黑一带的大烟,供不应求。大家听说猛主(今西双版纳边界)好买,便深入猛主。因做大烟生意是犯法的,又怕官家,又怕土匪,因此就组成"帮子",有钱的带钱,有劳动力的出劳动力,有马的带马,有枪的带枪,按比例付给报酬。枪租、马租和工资,都是每次所获利润进行分配的依据与标准。如劳力工资走墨江是三元,走猛主是五元。由于销路大,帮子多,不久猛主又不好买了,帮子就深入到澜沧,最后远到缅甸的景栋。由于所获利润丰厚,致使迤萨的经济得到较大发展。到1928年底,昆明烟价大跌。有从老挝桑怒回来的人说:"桑怒的烟价好",于是"帮子"就往昆明买烟,贩卖到桑怒,也有的贩到缅甸、泰国,到国外找销路。由于去桑怒的,生意越来越好,资本也越来越大;走缅甸、泰国的亏本。后来全部转入桑怒,从1930年直到1937年生意做得十分兴旺。这时的"迤萨帮"不仅采购和销售方向有所改变,在组织上也比过去走墨江、磨黑、景东等地的时期更为细密,所走路线是从滇越和江城直抵老挝的桑怒。由于这一带地方没有成股的土匪,也没有成批的军队;同时,一出国界要隐蔽目标,分散活动,对于一些资金较少的人最便于经营,三五或两三人都可以组成一伙。所有的枪支到了边界都要分散寄存在中国人家里。分红的办法,因为路远,时间长,吃苦,改为三七分成,就是出本钱的七成,出劳力的三成,盈亏照付。因为走坝子的路远,一年只能走一次,但本钱不多,获利最厚,一百元资金,往往得到一百至二百元的纯利。②

---

① 杨卓然.滇人赴缅做工及经商情况简述[A]//政协云南省委员会文史资料研究委员会.云南文史资料选辑:第7辑[C].1965:157—166.

② 王荣廷.回忆迤萨的反复变化[A].//政协云南省委员会文史资料委员会.云南文史资料选辑:第29辑[C].昆明:云南人民出版社,1986:113.

滇西北的重镇——丽江的商人利用马帮贩运大烟也曾发过横财。1934年,丽江资本家裕和、大兴昌、聚兴祥、道生等商号都曾经派人到康定设号贩运大烟。当时丽江烟价每两八角,康定每两二元多,获利一倍以上,回头货是黄金、皮毛及麝香、虫草等名贵药材。麝香产量多的,一年可以收到三千两;西康的章堆金,纯度达98.99,最为著名。1936年前后,经营的商帮急剧增加,既有商号,也有水客,大烟除在滇西片收集外,昆明南生公司和云南省财政厅囤积的大烟也武装押运到丽江来,西康省主席刘文辉驮来大批黄金,派出代表接洽,企图大批购买,这就是当时盛极一时的"黄货(黄金)"与"黑货(大烟)"交易。丽江到康定行程约40天,途中无雪山阻隔,一年可走好几次,高潮时期马帮运输一次就是300驮(约60万两大烟)。在短短的六七年间,凡是走这条道的大小商人,其资金积累增加了几十倍。①

(二)抗战时期军用物资的运输

抗战时期,云南境内的滇越铁路和少量的汽车公路,已远远不能满足战争对运输的需要。特别是1942年缅甸的陷落,使滇缅公路运输暂时中断,诸多的战略物资和生活必需品亟待输入和输出。于是,蕴藏在民间的有着巨大潜力的马帮驿运,此时唱起了主角。1939年1月,全国驮运管理所成立,在全国按驿运干线先后成立了9个车驮运输所,即开办了9个驮运线路,其中与云南相关的是叙昆、滇越、泸昆3条线路②。

战时的云南马帮运输,从一开始就在著名的叙昆线上展开,即由四川叙府(今宜宾),经符庆、高县、筠连,再经云南的盐津、大关、昭通、鲁甸、会泽、嵩明、兔儿关到昆明。西与滇缅公路,南与滇越铁路,东与川江航运相连,全线长816公里。清末和民国初年,沿线设有22个站铺,四川境内有叙府、筠

---

① 周发春.纳藏贸易概况[A].//丽江纳西族自治县志编纂委员会.丽江志苑:第二期[C].1988:58.

② 9条驮运线路分别是:叙昆、桂黔、川黔、川陕、川康、泸昆、汉渝、滇越、兰猩(后改为陕甘)干线。1940年6月日本占领越南,受战局影响,滇越驿运路线未能按计划开办。参见:马廷璧.云南战时驿运[A].// 政协西南地区文史资料协作会议.抗战时期西南的交通[C].昆明:云南人民出版社,1992:451.

连、横江 3 站,云南境内有滩头、普洱渡、吉利、盐津、豆沙关、大关、岩洞、五马海、昭通、桃园、江底、迤车汛、红石崖、会泽、鹧鸡、羊街、嵩明、兔儿关、昆明 19 站。1939 年开辟为战时运输线路后,这条川滇驿运的主要路线全长 610 公里,使用骡马 800 余匹,力夫 800 人。[①] 1939 年 2 月,自叙府试运的第一批货物桐油、五棓子等到昆明,"昆明永昌祥、茂恒商号率先来昆明站驮运棉纱 1350 驮(重 81 吨),匹头 108 驮(重 6 吨半),茶叶 38 驮(重 2.4 吨),小百货 98 驮(重 6 吨),共计 1594 驮(重 95.9 吨),预定 30 天交叙府;兵工署托运汽油、柴油、铜饼、TNT 炸药等军用物资共 400 驮(重 26 吨),两处物资合计约 122 吨。"[②]此后,在叙昆干线上很快就出现了大宗物资的驿马对运。同时,国民政府贸易委员会也通过驿运来输送大量的进出口物资。如 1939 年国民政府在叙府设置储运站,一方面加紧收购桐油,另一方面赶制适合驮运的木桶,装桐油交由交通部叙昆驮运管理所承运至昆明,然后再转运出口。仅从 1939 年 4 月至年末的短短几个月中,运到昆明的出口物资就达 1000 余吨。一时之间,叙昆线上,马帮背夫络绎不绝。1937 年 7 月,驿运总管理处官员专门到昆明视察,称赞道:"重庆市场已有云南茶叶,还有缅甸进口的棉纱、军工物资铜饼等,都是由昆明启运而至四川的。这对抗日战争大后方起着很大的作用。"[③]

为加强川滇驿运,国民政府交通部于 1940 年 2 月开辟泸昆干线。该线由云南昆明经贵州至四川泸县蓝田坝,接川江航运,全长 976 公里。全线设蓝威(泸县蓝田坝至贵州威宁)和威昆(威宁至昆明)2 个总段,先于昆明、易隆、曲靖、宣威、哲觉、赫章、毕节、赤水河、叙永、蓝田坝等 10 个重要处所设站,后根据需要,又设立了老鸦营、马鞍山、岩格青、色居乐、托谷租、渣格、戛乐、大板桥等 8 个小站。1940 年 9 月交通部驿运总管理处设立泸昆驿运

①　马廷壁. 云南战时驿运[A].//政协西南地区文史资料协作会议. 抗战时期西南的交通[C].昆明:云南人民出版社,1992:452.

②　马廷壁. 云南战时驿运[A].//政协西南地区文史资料协作会议. 抗战时期西南的交通[C].昆明:云南人民出版社,1992:452.

③　马廷壁. 云南战时驿运[A].//政协西南地区文史资料协作会议. 抗战时期西南的交通[C].昆明:云南人民出版社,1992:453."

干线联运主任办事处,专职办理泸昆驿运。该线约有驮马500匹,马车500辆,主要自昆明接运兵工署器材,其他军工物资及商货、邮件等,运量较大。[①] 以1942年为例,经泸昆线共运货物4704.842吨,当年最高月运量为706.606吨,最低月运量为252.878吨,月均运量达到378.402吨。[②] 该线昆明至宣威一段较为平坦,宣威至威宁属山路,坡度较大。威宁经毕节至叙永一段,为崇山峻岭,行驶板车困难。叙永至泸县则有109公里水运可以利用。驮马主要行驶于叙永至威宁间。威宁至昆明可利用板车,但接转、装卸和仓储等问题不好解决,加上驮马和马夫对沿线的气候、水土等有选择性和业务上的习惯性,各段驮马和马夫均不愿改变路线,无法统一安排运力。1942年7月,交通部设立泸昆线驿运管理分处,管辖川滇线(泸州至昆明)及黔滇线(昆明至贵阳)的驿运业务。1944年泸昆线改名为川滇线,由交通部驿运总管理处川滇分处管理,自泸县运载云南所需的棉纱、食盐等川货至昆明,回程多装运军事物资及空汽油桶。[③]

1940年9月,国民政府交通部改组驮运管理所,成立驿运总管理处。同年11月,云南省驿运管理处成立。1941年2月,国民政府决定将原车驮管理所云南境内的业务交由云南省驿运管理处办理。从此,云南战时驿运由交通部统管过渡到省管。[④] 云南省驿运管理处接管全省驿运事务后,不再沿袭中央统管阶段的强制手段和政策,驿运业务经营比较灵活,照顾了马帮运输个体分散经营和自由组合投运的特点及小马帮的利益,并与各县乡地方政权密切联系,使接管全省驿运具有了较多有利条件。同时,充分调动全省民众修筑驿道、参加运输。在省驿运管理处成立前2个月,云南省建设厅训令各县"值此抗战时期,运输至关重要,⋯⋯鉴于铁路、汽车等近代运输工具器材、油料购办不易,仍不能不利用各地固有之夫、驮兽、车航等旧式工具,以资代替。经商筹投入驿站运输网,限期完成,实施运输。"[⑤]各县又

① 杜鹃.民国时期的云南马帮驿运[D].四川大学硕士学位论文,2004:58.
② 胡阳全.云南马帮[M].福州:福建人民出版社,1999.99—100.
③ 云南公路交通史志编委会.云南公路运输史[M].北京:人民交通出版社,1995:196—197.
④ 杜鹃.民国时期的云南马帮驿运[D].四川大学硕士学位论文,2004:59.
⑤ 云南公路交通史志编委会.云南公路运输史[M].北京:人民交通出版社,1995:195.

责令区乡保甲义务修筑驿道,组织运力。因此,战时驿运由省管之后,局面随即改观。"省驿运处接办叙永干线初期,平均每日发货二三百驮,后逐渐增加到日平均发四五百驮,最高日达七百余驮。月平均运量自百余吨,最高时上升到五六百吨。"①

　　除叙昆干线、泸昆干线外,云南驿运的另一重要干线是汽车驮马并举的滇缅干线。滇缅公路开通后,云南及国内进出口货物的转运都集中到此,特别是1940年6月滇越国际交通线被封闭后,滇缅公路成了我国西南对外交通的唯一通道,运输任务日渐加重。由于机力运输的匮乏,在1939年4月西南运输处就设立腾冲驮运管理处,招雇沿线马帮、人夫,开辟了保山至腾冲及腾冲至缅甸八莫的滇缅国际驿运线,驿运里程共393公里。1941年全省驿运归省管后,云南省驿运管理处将原有的滇缅国际驿运线加以扩展,增辟昆明至保山间667公里的驿运线。② 此线基本上沿滇缅公路运行,因此云南省驿运管理处与省公路局汽车运输业务相结合,在业务管理上相互配合,官商并举,营运业务发展较快。由该线运输的货物"入口公物以军火、汽油为大宗;商货以花纱、匹条为大宗。出口由政府统制者,有复兴公司之桐油及资源委员会之钨、锑、大锡;商货方面原以药材、山货为大宗,今则仅有内地出产之黄丝及腾冲一带所产少量之麻线、麻布、棕皮、牛皮及粟子、核桃等物品。"③据统计,从1939年到1945年间,滇缅干线上的马帮承运由畹町出口之桐油、猪鬃、黄丝、药材等物资173吨;进口内运兵工物资、棉纱、棉纱匹头、小百货等20098.2吨。④ 特别是1942年春,日军侵犯云南畹町、龙陵、腾冲,为阻止敌人东进,我方将惠通桥炸毁,滇缅公路被迫中断,沿途异常混乱。当时一个最迫切的问题,就是保山存有的军工物资1.5万吨及下关的5000吨军工器材,急待5个月内运往昆明。云南省政府要求由下关与保山驿站和当地兵工署共同组织运输,核对运价及检查登记发驮。驿运站

① 云南公路交通史志编委会.云南公路运输史[M].北京:人民交通出版社,1995:196.
② 云南公路交通史志编委会.云南公路运输史[M].北京:人民交通出版社,1995:197.
③ 王纬.滇西驿运调查报告:1941年6月[R].云南省档案馆,卷宗号:L55-1-271.
④ 胡阳全.云南马帮[M].福州:福建人民出版社,1999.100.

派人到蒙化、永平、漾濞各县马帮较多的地区召集马帮,在各地民众的积极支持下,很快便召集了蒙化、永平、漾濞等县1200多匹骡马规模的马帮迅速赶赴前线。"马帮投入运输后,原定保山存货15000吨,月运量3000吨,当用5个月运完,结果于120天内运清。下关存货5000吨,由昆明组织马车1000辆,用72天运完。整个运务比计划提前了1个月完成。"①

据不完全统计,1939年至1945年间,仅兵工署托永昌祥、茂恒及云兴商行等由畹町经滇缅驿运干线进口内运的物资达20092.8吨,其中兵工器材20002.4吨,棉布匹头87.5吨,小百货6吨,云南茶叶2.3吨;同时,资源委员会通过叙昆线将桐油、猪鬃、黄丝、药材等总计173吨货物运至昆明,再经滇缅干线由畹町出口至缅甸仰光及印度的加尔各答。②

抗日战争时期,除了上述三条驿运干线的马帮运输,下关至乔后、一平浪至元永井、琅井、黑井的盐驿,佛海至景栋(今缅甸境内)间的茶运驿路,都持续地开展货物运输。"1943年7月至1944年4月共运乔后盐场的食盐1万余担至下关。抗战期间云南茶叶产量大增,云南中国茶叶公司1939年产茶380余担,1942年增至6800担,外销于省内外,出口至国外,主要凭借马帮驮运。"③抗战期间,云南马帮发挥了很好的后勤运输保障作用,黄槐荣在《腾冲战时物资调度委员会的活动》中写道:"在抢运物资过程中,先后组建了七个骡马大队,每个大队分别有骡马五六十匹、百多匹至二百多匹。这些抢运队冒着生命危险到距离敌人仅一二公里的城郊区大宽邑、马场、罗绮平、董官村、洞山、绮罗、和顺一带抢运。"④又如1942年,"姚安县奉令征谷碾成米送交驻禄丰的江南兵站总监部,共32.5万公斤,全县组织运输大队,计15个小队,每队赶骡马近百匹运输,前后达两个月之久。是年冬又运5264包(每包约100斤)至楚雄,运4168包至镇南兵站,共运输94.32万公

　　①　马廷壁.云南战时驿运[A].//政协西南地区文史资料协作会议.抗战时期西南的交通[C].昆明:云南人民出版社,1992:455.
　　②　马廷壁.云南战时驿运[A].//政协西南地区文史资料协作会议.抗战时期西南的交通[C].昆明:云南人民出版社,1992:459.
　　③　云南公路交通史志编委会.云南公路运输史[M].北京:人民交通出版社,1995:196.
　　④　黄槐荣.腾冲战时物资调度委员会的活动[A].//腾冲县政协.腾冲文史资料选集:第一集[C].潞西:德宏民族出版社,1988:176.

斤。次年又运 9700 包至镇南,7000 包至楚雄。从 1942 年至 1945 年,仅姚安一县以人背马驮共运出军米达20034.7公石(每公石770斤),共1.54万吨,运费全由地方担负,为境内之最。"①王应鹏回忆说:"1942 年,腾、龙沦陷以后,进出口贸易暂时中断。在这期间,大理马帮至镇康、耿马和保山方向一带,除驮运商家和民间所需的各种货物以外,还常被临时征用驮运抗战物资。被征用马帮的马锅头和赶马人都有抗日救亡的民族意识,主动承担前线军需物资的驮运。有时,马帮刚刚卸下货驮,马上又承接了为前线部队驮运粮、弹的任务。为赶运腾、龙前线的物资,有的马帮昼夜兼程,不辞劳苦,有的马帮则不计驮运费,纯尽义务。特别值得记述的是,在抗战期间,大理马帮同滇西其他州县马帮一道,发挥了马帮善走山间小道之长,分担了滇西远离公路一线抗日部队的粮、弹补运之难。"②

在1944年夏开始的滇西反攻战役中,滇西腾冲、梁河、盈江、龙陵、镇康等县民众,出人出力,组织运输队,肩挑马驮,将大量军需物资随军运到前线,有力地支援了远征军的作战。仅镇康一县的不完全统计:"1942 年至 1945 年 4 月三年多时间中,镇康共出民夫 14.4 万个,常年有 2000 民夫和 1500 匹骡马从事弹药、粮饷、副食的转运。""镇康各族人民投入轰轰烈烈地支前斗争,'日出民工四千,畜力三千',跋山涉水,往返于腾、龙战场,运军火送粮食,抬伤员。时有文称:'天空机群遮天,沿江卒伍遍地,支前民工,酷似蚁群'。③ 这生动描绘了当时滇西各族人民踊跃支前的壮阔场面,从一个侧面反映了抗战期间云南马帮所做出的特殊贡献。

(三) 解放后建设与救灾物资的运输

新中国成立以后,在云南的运输结构中,铁路、公路、航空等现代交通事业得到了空前发展。但由于历史的原因和特殊的地理环境,云南的马帮运

---

① 陆韧.抗日战争中的云南马帮运输[J].抗日战争研究,1995,(1):65.

② 王应鹏口述、常泽鸿整理.民国时期大理、凤仪的马帮[A].//政协大理市委.大理市文史资料:第二辑[C].昆明:云南人民出版社,1993:43.

③ 周怀聪.云南镇康民众的抗日活动[A].//政协西南地区文史资料协作委员会.西南民众对抗战的贡献[C].贵阳:贵州人民出版社,1992:298.

输仍起着积极作用,特别是在共和国成立初期,仍然是云南极重要的运输方式(见表4)。据有关资料统计,1950年云南的铁路、汽车、民间运输、内河航运等四种运输方式的货物运输量总计为132万吨。其中铁路运输35.6万吨,占27%;汽车运输3万吨,占2.3%;民间运输80万吨,占60.6%;内河航运13.4万吨,占10.1%。[1] 这里所指的民间运输,就是以马帮为主的运输,可见大部分运输任务是靠传统的马帮运输来完成的。

云南马帮对新中国的贡献是多方面的,比如大理地区,解放后虽然滇缅公路通车,但马帮运输仍是一支不可忽视的力量,尤其在山区少数民族聚居区更为重要。解放初期大理地区通车公路仅有昆瑞线(老滇缅路)287公里和下关至大理14公里,海坝庄至弥渡县城8公里,共计319公里,货运汽车除省保养厂有30多辆"道奇"、"五羊"、"万国"等杂牌车外,州县无一辆汽车。所以当时的州县及乡村的生产生活物资的运输仍然依靠马帮完成。1953年国家经济建设第一个五年计划开始,大理专员公署决定在下关成立"群众运输服务总站"(后改为民间运输管理站),并在巍山、弥渡、邓川、祥云、漾濞、永平、云龙、云县、凤庆(当时归属大理专署)建立"分站",负责组织民间马帮,为沟通城乡物资交流服务,促进经济建设发展。1954至1956年间,大理地区参加运输的驮马达二万八千余头,其中常年专业运输的一万五千多头,季节性运输的一万二千多头,[2]可见这些马帮所运输货物数量之多! 1953年4月,在支援解放军进军西藏和云南中甸的剿匪斗争中,一支由400多匹骡马组成的巍山马帮又参加了临沧地区的边防建设,从事支边运输。[3] 1956年为支援解放军到小凉山剿匪,又组织了有骡马2500匹的马帮,完成繁重的运输任务。[4] 建国初期,大理地区马帮积极参与经济建设,特别是积极支援公路建设。比如,1950年,修筑滇藏公路时,在修筑大理至丽江段时,大理地方政府成立专门的援藏委员会,组织马帮为筑路工人和群

①　中共云南省委政策研究室.云南省情:1949—1984[M].昆明:云南人民出版社,1986:658.
②　王明达,张锡禄.马帮文化[M].昆明:云南人民出版社,1993:26.
③　胡阳全.云南马帮[M].福州:福建人民出版社,1999.102.
④　胡阳全.云南马帮[M].福州:福建人民出版社,1999.102.

众运输生产生活物资,保证了公路建设的顺利进行。① 又如,在修筑南大公路(今勐海公路)时,有上万筑路人员参与其中,这些人的生产生活物资的供给是一个大问题。当时除了少量的汽车承担已通公路地段的物资运输外,不通公路地段物资的运输,仍然得靠马帮承担。为保证筑路所需,根据省政府指示精神,由大理专署和公路建设指挥部联合成立了"云、顺、缅调运指挥部",从祥云、弥渡、巍山、云县、凤庆等地动员组织了七千多驮马,来往于云县、凤庆、临沧山区村村寨寨的羊肠古道,经十个多月的努力,圆满完成了援路物资的调运工作。②

在临沧地区,新中国成立后,沧源各族人民生产生活逐步改善提高,商业物资交流逐渐扩大。交通不便、运力不足的矛盾日益突出。当时沧源仅有分散的骡马2200多匹,而1957年沧源调进的物资,有311万公斤,若一次运完,需骡马5.1万匹。因此,全县的骡马运力远远解决不了调运的需要。在此情况下,临沧行署从凤庆、镇康等县各调集600多匹骡马,同沧源马帮一道分数次才完成了运输任务。③

在怒江州,党和政府为了将支援边疆的大量生产生活物资和医药文化用品及时运进怒江地区,加紧进行驿道的建设。从1951年至1961年,先后新修和维修了2000余公里的驿道,促进了民间运输,特别是马帮运输的发展。④

在社会主义建设时期,云南驿道运输方式仍旧延续使用,尤其是在边远山区。据1981年统计,云南全省15个地州都有驿道,驿道总长为30770公里,14个地州都有人马吊桥。如贡山县30多年来,共加宽、整修了境内的人马驿道650公里,架设了怒江、独龙江上的16座钢索吊桥,山箐、河谷的42座小桥,并将边远山寨的20对溜索全部更换为新钢索,使全县5个区、24个乡、100多个社之间的人马驿道彼此相连。为了改善该县的运输条件,

① 王明达,张锡禄. 马帮文化[M].昆明:云南人民出版社,1993:27.
② 王明达,张锡禄. 马帮文化[M].昆明:云南人民出版社,1993:26.
③ 胡阳全. 云南马帮[M].福州:福建人民出版社,1999.102.
④ 胡阳全. 云南马帮[M].福州:福建人民出版社,1999.101.

国家还在 1981 年拨款 27 万元扶持这里发展驿运事业,使该县的骡马从 448 匹,发展到 1982 年的 866 匹。所以,新中国成立后,由于客观条件的限制,云南马帮在现代经济中仍然发挥着重要的作用。[①]

特别是党的十一届三中全会以来,云南马帮仍在不断发展。据 1984 年统计,全省人马驿道总长达 58700 余公里,共有干支线 845 条,吊桥 623 座,渡口 167 个,马帮拥有的骡马量仍有 5 万匹左右。通过马帮和近 6 万公里的人马驿道,来连接全省 94% 的山区村寨,这不能不说是一项奇迹(见表 4)[②]。

表 4　新中国成立后云南民间运输量情况(单位:万吨,万吨公里)

年份	货运量	货物周转量	年份	货运量	货物周转量
1950	80	2,464	1970	676	5,372
1952	142	5,040	1975	1,700	11,891
1957	599	9,075	1978	1,352	9,551
1960	2,261	25,357	1980	1,053	6,808
1962	409	5,311	1983	1,302	19,154
1965	1,048	7,437	1984	1,154	10,074

资料来源:中共云南省委政策研究室.云南省情:1949—1984[M].昆明:云南人民出版社,1986:660.

三、运输货物的运价[③]

马帮驿运的动力为人力和骡马,马帮驿运运价则包括人力即马锅头和

①　胡阳全.云南马帮[M].福州:福建人民出版社,1999.103.
②　中共云南省委政策研究室.云南省情:1949—1984[M].昆明:云南人民出版社,1986:659.
③　王纬.滇西驿运调查报告:1941 年 6 月[R].云南省档案馆,卷宗号:L55－1－271;胡阳全.云南马帮[M].驿福州:福建人民出版社,,1999:139—141.王明达,张锡禄.马帮文化[M].昆明:云南人民出版社,1993.148～156;杜鹃.民国时期的云南马帮驿运[D].福州:四川大学硕士学位论文,2004:63—66.

马脚子每天生活必需费用和骡马每天生活资料的费用。马帮驿运价格有私家商货运价和国家公货运价之分：商家雇请马帮运货物，其运价由双方议定。商家为了招雇马帮为其运货，订立的运价往往高于国家公货运价，因此常出现商家与驿运管理机关争夺马帮运力的现象。国家公货的运价，也就是国家物资，如资源委员会的进出口货物、国际援华物资等的运价，中央和地方驿运管理机关有严格的限制。

通常情况下，由于马帮都有相对固定的往返路线，马帮起止地点的商号和沿途的马店的老板及商号与马帮非常熟悉，因此，马帮运输货物的运价，一般是由雇驮双方议定。比如，商号雇用马帮，或马帮向商号揽生意，一般是由商号向马锅头直接联系，双方商定好运费之后，商号要先支付一部分订金给马锅头，在货物到达目的地验明交付后再全部付清余款。一些新商号如果对马锅头不甚熟悉，往往会请马店老板代驮；有的马锅头也会请马店老板担保，以便接纳新客户。对一些临时业务，则多半是由雇主直接找到马锅头，双方谈好运价，在雇主跟随所驮货物到达目的地后，就立即付清运费。

从实践看，影响马帮驿运运价的因素较为复杂，主要有：粮价、有无回头货物、商家需要的程度、路程远近、路途状况、汽车油价、沿途治安状况、突发事件等。粮价为影响驮运价格的最主要因素，俗话说"万物随米价"，粮价涨，则骡马饲料及赶马人的伙食费亦涨，运费也必然涨；有回头货运价就低，无回头货，马帮放空而归运费自然增高；商家囤积居奇、操纵市场，为赢得更大的利润，有时有急需要运的货，可以多付运费。通常情况下，由于马帮都有相对固定的往返路线，马帮起止地点的商号和沿途的马店的老板及商号与马帮非常熟悉，因此，马帮运输货物的运价，一般是由雇驮双方议定。比如，商号雇用马帮，或马帮向商号揽生意，一般是由商号向马锅头直接联系，双方商定好运费之后，商号要先支付一部分订金给马锅头，在货物到达目的地验明交付后再全部付清余款。一些新商号如果对马锅头不甚熟悉，往往会请马店老板代驮；有的马锅头也会请马店老板担保，以便接纳新客户。对一些临时业务，则多半是由雇主直接找到马锅头，双方谈好运价，在雇主跟随所驮货物到达目的地后，就立即付清运费。路程远，运价自然多些，路程近,运价就要少些;路途状况好,道路平坦,不需要翻越高山或雪山,不需要渡江河,运价低些,反之,运价自然增加;滇缅公路通车后,马帮的运价常比照汽车的运价加以调整,汽油价格也成为影响马帮驿运运价的一个重要因素。显然,随着马帮运输的不断发展壮大,决定和影响马帮运价的因素也就越来越多而复杂。

据王纬的调查报告,1941 年 4 月下关、鹤庆之间以五站计,运费为当时的国币 40 元/驮,每驮重约 100 公斤,每驮每站尚不及 10 元。昆明至下关13 站,马帮运 150 元至 220 元/驮,合每站 10 余元。用汽车运仅行二日,每驮合 200 元,途程 411.6 公里,照当时规定,连放空费在内的 3.12 元/公里计,每驮 100 公斤,应为 128 元,但商货运输之行市有时高达 200 元。这样马驮运费自然随之提高。实际上马帮每站人马伙食店帐合计不过 6~7 元(马每匹需食宿费约 5 元,赶马人每人每天亦约 5 元,一人赶 5 匹马,每马摊1.25 元,合计人马用费 6.25 元左右)。而当时运货费竟达 10 多元。这并不是粮价高涨之关系,而是货运紧张,车辆不足,加之放空费记在内的缘故。下关赴西昌共 22 马站,运费高时多至 400 元,折合每站每驮 20 元。这是由于当时长江之交通被阻,西昌的商家不得不采取此路线运其货物,加上汽车运费高,不得不高价求助马帮。又如下关至保山 8 个马站,运费 150 元,每站近 20 元。因出口货太少,回头马匹多放空,回头运货价又低,加上马帮认为上坡多,应算作 9 站计;但如果是驮运食盐,每驮仅收 40 元,每站不过4.4 元而已。

王纬的调查报告书中还详细记载了沿滇缅公路从缅甸运货至云南省城昆明和从昆明运货至缅甸的运价。

从缅甸运货至昆明的运价情况:从缅甸首府仰光启运的货物,办理海关手续后,向云南昆明运输可分为水路和陆路。这里主要叙述其中国外部分路程所需的运价。

水路用伊洛瓦底公司轮船运至瓦城,再在瓦城换船运往八莫。因货物种类不同,价格有差别。以最大宗之洋纱而论,在仰光交轮船,八莫取货,中间一切转驳起卸费概在内,每大件需运费 9 盾 8 安(盾与安系缅甸货币名称,卢比一枚称 1 盾,1 盾相当于 10 安,9 盾 8 安在 1941 年间相当于国币 76 元),约需要时间 15 天。若包专船运输,中途不停留,载货 300 吨之轮船变可 5～6 天到八莫。水运距离长短以及船仓的等级,决定运费价格多少。仰光至瓦城 597 英里,头等、二等、三等船舱的运价分别是 45 盾、22 盾 8 安、9 盾;瓦城至八莫 277 英里,头等、二等、三等船舱的运价分别是 40 盾、20 盾、7 盾;克萨至八莫 84 英里,头等、二等、三等船舱的运价分别是 17 盾、8 盾 8 安、3 盾。

　　自仰光经陆路运赴内地货物,可在仰光上火车,先运至腊成。运费也依货物种类、人员多少不同而有差别。以棉纱而论,每一大件(40 包)约需 11 盾。各大中途站设有车站餐室。餐费分二等:头等:早、午餐各 2 盾,午后茶点 8 安,晚餐 3 盾;二等:早、午餐各 1.5 盾,午后茶点 6 安,晚餐 2 盾。货物抵达腊成后,多数因车辆不足而须改用马帮驮运,于是大件分包成小件。如洋纱,大件原为 40 包,重约 400 磅,通常以 8～9 包另包成一小件,两小件为一驮,重约 160～180 磅。通过马帮运输,货物由腊成运至八莫。

　　从八莫至昆明,通常有两条路线:(一)经毛草地、芭蕉寨等地至腾冲。以每驮驮洋纱 160～180 磅计,需时最少 7 天,运费在 1941 年二三间每驮国币 180 元每驮,到五月间涨至 300 元每驮。原因是会经常出现所谓的“夷人暴动”,即当地少数民族起来反抗反动统治的活动,导致交通中断,道路秩序不安全。有马帮及旅客要过此线,必须支付高价请沿线团队护送,每马要付保护费银币 4 元(折合国币 24 元);滑杆每乘付保护费 40 元(折合国币 240 元)。平时在旧城、蛮线之间也设有护路队,在旧城、蛮线二处收费,每程每马收费银币 5 角(折合国币 3 元);滑杆每乘收费银币 3 元(折合国币 18 元)。(二)以缅甸沿边疆行的一条公路,该路由八莫经南坎、木遮到达畹町,长 171.5 公里。汽车运价每吨每公里为缅币 6 安(1 安约值国币 5 角)。腾冲、保山由骡马、黄牛驮运之外,并有挑夫挑运。驮马运费为每驮 80～100 元,每驮重约 130～160 斤,挑夫费用则照半驮计。此外,挑夫方面有挑脚单价,保山、腾冲间,每斤(16 两)挑价为国币 6 角,多少照算。

　　从昆明运货至缅甸的沿途费用:“(一)昆明至保山之间沿途有旅馆、马店可供马帮食宿。此段路上楚雄、下关、保山有较大的马店,收费一般不太高。干号(自带行李),每人每晚国币1元,最贵不过5元。各腰站如禄丰、一平浪、瓦窑等处亦有小客栈,设备简陋,食宿费更低廉。(二)保山至腾冲有四站,即蒲缥、老寨、橄榄和腾冲。各站都有客栈,客栈多供伙食,一宿两餐每客店费国币3.5~7元。(三)腾冲至八莫通常以8站计,但七日可到。八站即九保、旧城、小辛街、蛮线、芭蕉寨、古里卡、茅草地、洗马河。各站皆有客栈,一宿两餐,店帐每客12安~2盾。旧城以下国币、滇币、缅币皆可通用。1941年5月,缅币一盾等于国币9元,每安等于国币5角6分,新滇币2元等于国币1元。腾冲有客栈22家,设备简陋,通常每客店帐国币6~7元;八莫有客栈2家,干号每日10安至2盾,还有小饮食店数家,伙食每餐5安至1盾。(四)八莫至瓦城有水陆两路,路线不详。瓦城有华人开设客栈数家,干号每宿2~3盾,市内有饮食馆多家,每餐需8安至1盾多。仰光有很多华人开设的客栈,设备有优有劣,价格有差异,通常每宿店帐1盾至6盾,多不供给伙食。客栈周围有很多中式、西式、印式饮食馆,每餐需费1~2盾,又因天气炎热,需要饮料甚多,花费较大。(五)仰光至腊戍有火车可乘。腊戍有新老。老腊戍为滇缅公路之终点,房屋多旧式,只有交等食宿店;新腊戍又名内有,商店林立,高等食宿店较多。店帐干号1~5盾,伙食每餐10安至2盾多。(六)腊戍至保山。当时腊戍到畹町已有柏油马路可通。畹町有食宿店多家,商务简陋,无高级旅店,但处于交通要道,客源甚多,常常客满。干号国币5~10元,伙食在饭馆另开,每餐3元多。龙陵有招待所,洁净可居,每宿为3元至3.5元。伙食另开,每餐至少3元(详见表5)。"

表5 近代民国时期明昆明及滇西至八莫线路各站费用调查表

站名	人口数(人)	马匹数(匹)	主要交通工具	每站每驮价	马帮现走路线
昆明	206421	每天有无数长途马帮过境	火车、汽车、人力车、马帮	昆明至下关间每站10~17元	东北经昭赴川;东经曲赴贵;西经楚赴关
楚雄	123157	车通后,当地马帮减少	汽车、马帮	同上	昆关线之路途站

下关	约 4000	过往马帮尚多	汽车、人力车、马帮	下关至保山每站20元	东赴昆;西赴保;北赴丽;南走顺
保山	31 万	3~4 万匹	挑夫、马帮、滑杆	至腾冲 20 元	保至关 8 站;至腾 4 站;至龙 3 站
蒲缥	约 780	黄牛千余匹	马帮、牛帮	同上	
老寨	25	6 匹	马帮、牛帮	同上	
橄榄寨	200	不祥	同上	腾至八约 10 元;八至腾约 30 元	
腾冲	23 万	4000 匹	马帮、挑夫、滑杆	同上	腾至八 8 站;至密之那 8 站;至保 4 站;至龙 3 站
南甸	1000		同上	同上	
盈江	1000		同上	同上	
小新街	500		同上	同上	
蛮线	近 100		同上	同上	
芭蕉寨	近 60				
茅草地	20				
八莫	2000	无长途马帮	汽车、轮船、骡马	同上	只行腾八线
腊戍	12500	每天 5 千余匹	火车、汽车、骡马	腊至龙每站约 20 元	
畹町	300		汽车、挑夫、骡马	龙至腊则略少以 8 站计	
龙陵	5 万多	数百匹	汽车、骡马、挑夫	龙至保 20 余元	

资料来源:王纬.滇西驿运调查报告:1941 年 6 月[R].云南省档案馆,卷宗号:L55-1-271.抄录时有所整理、删节,删去了原表中的本站环境、米价、盐价、挑夫价等五项,人数一项原表有的填为户数,这里统一以每户 5 人折算,统一填为人数。

由于云南境内川多流急,渡口多,马帮有渡过江河,也要交纳费用,因此马帮运价中除了人力和畜力的价格外,还要包括渡口费用。据王纬的《滇西驿运调查报告书》,滇西方向惠人桥、惠通桥之间有四个渡口,即蛮海渡、坪子坝渡、土城坝渡和老渡口,每个的渡口的收费大致相同。以蛮海渡为例,该渡口"距离新城(今潞江)7.5 公里,在新城东南方,渡船系竹筏,由三人划桨前进,每筏可容驮子十二驮或骡马十二匹,或驮或每马收渡费新币 2 元,挑担过渡则每挑收费 1.5 元"。

此外,沿途的治安状况及一些突发事件,也直接影响着运价。马帮由缅甸八莫经毛草地、芭蕉寨等地赴腾冲，"以每驮驮洋纱160—180磅计，需时最少7天，运费在1941年二三月间，每驮为国币180元，但到5月间就涨至300元/驮。原因是所谓'夷人暴动'（少数民族起来反抗反动统治），交通中断。有马帮及旅客要过此线，付高价请沿线团队护送者，每马要付保护费银币40元（折合国币240元），终获通过。平时则旧城、蛮线之间设有护路队，在旧城、蛮线二处收费，每程每马收费银币5角（约合国币3元）。滑杆每乘收银币3元（国币18元）。"

正是受上述各种因素的影响，中央和地方驿运管理机关无法订立一个相对稳定和统一的驿运价格，而只能有原则性规定。其原则为："A. 各县运价之订定，以能支付运输成本为原则，并切实注意：a. 货物承担能力，b. 民间工具之运价，c. 平行线运价之竞争，d. 沿线之经济状况；B. 货物运价分为一、二、三3等，其等与等之间运价比率为150∶125∶100；C. 货物运价以每十公斤为计量单位；D. 运价采用平面运价制，即不递远递减；E. 各线运价以合理而又与各该线实际情况相适应为原则；F. 驿运合理之运价必先使力价公平合理并注意：生活资料价值之涨落，力价必须足以维续人和兽之生命且能长期保持其体力，力价应适应生活程度调整变动；G. 运价力价之调整应以各线生活指数为基准。"公货的运输一般由各级驿运管理机关主办。1940年7月，蒋介石在全国驿运会议上指出："一切人力兽力器材之征调母鸡，决不能专赖经费雇佣，而应由于义务供应之性质。唯其出于义务性质，所以我们对于一般供给劳力的民众，饮食要比较丰盛，待遇要亲切周到，对于征调的牛马器材，要丰其给养，加倍爱护，而报酬必须减低，不能专用金钱作为劳力的标准。"根据这一指示，云南省对于公运"马帮运价规定分为三等：一等每驮56元；二等48元；三等45元。以80公斤为一驮，每超过1公斤，以10公斤计算。"同时，运价由云南省驿运管理处征集商会、马帮同业公会、驿运促进委员会意见，按月酌中核定一次。"或者每次出发之前，驿运机关发给食宿票，马帮每天凭票到驿运管理机关沿途设置的食宿接待站食宿，或者按照日程发给马帮一定数量的粮食和饲料。

虽然有上述各种规定，但这些规定也受各种因素制约而无法真正统一实行。各驿运干线根据各地实际,灵活地制订运价,因此不同的线路有不同的运价;即使是同一线路,各线路之间的运价各不相同,而且往返运价也大有区别。1941 年 1 月,沪昆干线"由昆明至蓝田坝的运价为每公吨三千七百元",约合 4.07 元每吨公里(下同);而由蓝田坝到昆明的运价至多不过 2.20 元。同年 3 月叙昆干线,由叙府至昆明的运价为 2.50 元,而由昆明至徐府运价则升至 4.80 元。对于不容易有回头货物的线路,驿运管理机关则分别按照重程和空程计算运价。如 1943 年 7 月,保山至下关间 256 公里,重程为 31.60 元,空程为 12.83 元;下关至昆明间 412 公里,重程为 30.0 元,空程为 12.20 元。空程运价约为重程运价的 41%。同一线路,去程和回程的运价也相去甚远。以 1943 年 7 月叙昆线为例,昆明至昭通 430 公里,北行运价为 15.80 元,南行运价为 23.70 元;昭通至叙府 386 公里的运价,北行为 19.40 元,南行为 29.20 元。南行运价为北行的 1.5 倍。

由于战时物资紧缺,物价波动无常,驿运运价往往低于运输成本。1941 年 1 月沪昆线"以现在实际支出估计,每吨公里约需费三元三角二分二厘四毫,每公吨蓝昆间单程约需费三千零二十三元三角五分,惟按诸惯例,由沪县蓝田坝至昆明物资支给之运价,每公吨尚不足二千元。"同时,驿运机关常不照章办事,"转雇马脚,则每驮多至 90 公斤以上,一概只给 45 元之脚价,非三等货也按三等货计价。"因此,驿运运价往往不能满足驿夫和骡马沿途生活,常出现驿夫逃避官方驿运,甚至中途弃货而走的现象。

公货运输除了一般公货的运输外,还包括军事运输。军事运输包括"运送前方之枪械弹药"及"运送前方之军装粮秣",一般都摊派沿途各县负担。而对于军事运输的运价则由各地各战区根据实际情况自行制定。1944 年滇西反攻战时,保山县发动民夫 12000 名,骡马 3000 匹,协助运送军粮弹药。其征雇夫马之待遇为"民夫日给口粮贰拾伍市斤,国币拾元,食盐叁钱,来回程均照发;每马去程日给豆料叁市斤,国币贰拾元。"

总体而言,马帮赶马运货的劳动强度很大,不仅要保证货物安全,还要按时运到,赶马人必须栉风沐雨,甚至于还有生命危险,但所得工钱却是很低的。以滇西北的纳西族赶马人为例,一般一个纳西族赶马人要在马帮中赶五匹至七匹骡马,而每年可以得到的工钱一般仅仅二三十元,微薄的工资仅够勉强维持自己的家庭。也有少数的赶马人,是出力而不领工资,以在马帮中自带一点货物为报酬的。当然,一句话,马帮的艰辛是永远无法量化的!

四、结论

总体上,云南马帮运输的货物经历了由贵重物品为主向以日常必需品为主的转变。在马帮产生的初期,受贵重物品需求旺盛的影响和交通运输条件的制约,云南马帮贩运的货物主要以金银、珠宝、玉器、香料、丝绸、瓷器、药材等贵重物品或奢侈品为主。唐宋时期以来,随着社会生产力和商品经济的发展,商品的供给和需求日益丰富与多元化,加上交通运输条件的不断改善,云南马帮运输的货物开始由贵重物品为主向以人们日常必需品和盐、茶、铜等大宗物品为主转变。

在历史特殊时期,云南马帮还参与走私物品、军用物资及抗灾物资等特殊货物的运输。近代民国时期,在中国日益陷入半殖民地半封建社会的背景下,由于云南地处西南边疆和政府政治腐败,鸦片走私泛滥。受高额利润的刺激和驱使,一些云南马帮擅自从事鸦片等走私物品的贩运,通过贩运鸦片等走私物品而大发横财。抗日战争期间,云南成为全国抗战的后方,境内的滇越铁路和少量的公路运输,远远不能满足军用物资运输的需要;特别是1942年滇缅公路中断后,云南与外部正常的运输通道随之中断。在这种情况下,云南马帮服从抗战的需要,主动承担起重要军用物资和日常必需品的运输任务,为抗日战争的胜利做出了特殊贡献。新中国成立后,尽管云南公路、铁路、航空等现代交通运输事业发展迅速,但受特殊地形地貌制约,在爆发自然灾害时刻,马帮仍然是救灾物资运输的重要方式。

与运输货物变迁相适应,云南马帮运输货物的运价及其影响因素也在变迁。由于马帮运输的主要动力是人力与骡马,马帮运输货物的运价通常由人力即马锅头及赶马人每天生活必需费用以及骡马每天饲料费用组成。

然而,由于马帮队伍性质、所运输的货物及运输路线的不同,其运价的影响因素也不相同,导致运价差异较大。其中,较为重要的因素包括:路程、货物量、安全、粮价、有无回头货物等。同时,在不同的历史时期,影响运价诸因素的重要性也各不相同。在古代,人力与畜力费用、运输货物的性质及安全性是相对重要的影响因素;而到了近代及民国时期,运输货物的里程、货物运输时间、有无回头货物则成为相对重要的因素。正是受上述各种情况因素的影响,长期以来中央和地方马帮驿运管理机构无法订立出一个相对稳定和统一的驿运价格和标准,而只能制定原则性的规定加以规范。

第四章 云南马帮的运输路线变迁分析

云南有文字记载以来的历史说明,云南的主要交通通道都是沿商道而行。这些商道的形成与发展,其实就是云南马帮运输路线变迁的过程。分析云南马帮运输路线的变迁,可以历史时期为线索,大致分为五个时期:一是秦汉时期的西南丝绸商路,分为五尺道、南夷道和灵关道;二是南诏大理国时期的商贸路线;三是元明清时期的驿站,包括元朝的站赤、明朝的驿站和清朝的站铺;四是近代民国以来马帮运输的四大干线,包括滇西干线、滇东干线、滇西北干线和滇南干线;五是解放后马帮运输路线的衰亡。

一、秦汉时期的西南丝绸商路

秦汉时期,云南社会生产力逐步发展,并与外界已有较大规模的商品交往。为了进一步加强云南与内地的经济文化交流,秦汉中央王朝修筑了以西南丝绸之路为代表的多条连接内地与边疆间的商路。这些商路的开辟,为云南马帮的形成与发展奠定了坚实的基础。

(一)五尺道

公元前250年,秦据有巴、蜀,秦孝文王以李冰为蜀太守。李冰是一个具有强烈开拓事业的官吏,对蜀郡——川西盆地的农田水利建设做出了重大贡献。当时蜀郡工商业发达,丝绸织品丰富,要向南方寻找销路。为了打通前往滇国的商道,李冰修筑了从四川宜宾通往滇池的商道,即古代僰人居住的区域"僰道"。这条道路峭壁悬崖,石坚难开,李冰令筑路工人用柴火烧崖以毁之,使崖石爆裂。故史书说:"其崖崭峻不可凿,乃积薪烧之,故其处悬崖赤白五色。"僰道尚未修浚,李冰已免官,此路遂停修。秦始皇统一中国后,为了打通由巴蜀经滇池通往南亚诸国的商路,派常頞继续修筑从宜宾经盐津豆沙关至昭通(古僰道)的道路,并由昭通经曲靖以抵滇池,这就是史书记载的"秦时,常頞略通五尺道。"①因道广五尺,所以称为"五尺道"。

上述表明,五尺道,开辟于秦朝,北起四川的宜宾,南至云南曲靖,途经云南盐津、大关、昭通、鲁甸、宣威等地县,是云南从滇东北通往四川的必经要冲。现今,五尺道只残存约350,道宽5尺,每级尺阶宽窄高矮不等,从关河东岸上缘三曲而至摩崖,路面留有马蹄痕数十个,不断向人们诉说着曾经的辉煌与沧桑。

五尺道开辟后,以这条路为中心,秦汉之际在四川与今云南东部地区之间出现了"栈道千里,无所不通"②的局面,两地商品交换大大扩展开来,商人来往于途,把四川的铁器输入云南东部地区,又把云南东部的牛马输入四川,络绎不绝。这种商业贸易的发展,有力地促进了"西南夷"地区的经济发展。

(二)南夷道

据《史记》记载,"建元六年,大行王恢击东越,东越杀王郢以报。恢因兵威使番阳令唐蒙风指晓南越。南越食蒙枸酱,蒙问所从来,曰:'道西北牂牁,牂牁江广数里,出番禺城下。'蒙归至长安,问蜀贾人,贾人曰:'独蜀出枸酱,多持窃出市夜郎。夜郎者,临牂牁江,江广百余步,足以行船,南越以财物役属夜郎,西至桐师,然亦不能臣使也。'蒙乃上书说上曰:'南越王黄屋左纛,地东西万里,名为外臣,实一州主也。今以长沙、豫章往,水道多绝,难行,窃闻夜郎所有精兵,可得十余万,浮船牂牁江,出其不意,此制越一奇也。诚以汉之强,巴蜀之饶,通夜郎道,为置吏,易甚。'上许之。乃拜蒙

---

① [汉]司马迁.史记·西南夷列传[M].卷一百一十六,北京:中华书局,1959:二九九三.
② [汉]司马迁.史记·货殖列传[M].卷一百二十九,北京:中华书局,1959:三二六一一三二六二.

为郎中将,将千人,食重万余人,从巴蜀笮关入,遂见夜郎侯多同。蒙厚赐,喻以威德,约以置吏,使其子为令。夜郎旁小邑皆贪汉缯帛,以为汉道险,路不能有也,乃且听蒙约。还报,乃以为犍为郡。发巴蜀卒治道,自僰道指牂柯江。"①

上述记载表明,在张骞出使西域发现西南丝绸之路之前13年,即公元前135年,唐蒙出使南粤,见有蜀地生产的"枸酱"卖。回到长安后他就去问蜀商,从他们那里打听到从巴蜀地区经过牂柯江有一条商道通南粤。经武帝批准,唐蒙带兵到了夜郎,招得夜郎及周围部落一并归附。西汉王朝遂在今四川南部和云南东北部建立了犍为郡,并在秦的"五尺道"基础上修筑从宜宾通往牂柯江的道路,称"南夷道。"牂柯江,有的说就是现在的北盘江,一说即今都江,此外还有今漾江、沅江、乌江等说。但总之,"南夷道"与当时蜀地和牂柯郡(包括云南省东北、东部地区)、南越(今两广)通了商。"当是时,巴蜀四郡通西南夷道,戍转相馕。"②因此,从滇池出发,经句町(今文山)、进桑(今河口)是一条达南越,通海外商道。③ 这条道在云南路段多为陆路。

(三)灵关道

灵关道即著名的南方陆上丝绸之路,此路由蜀(今成都)经临邛(邛崃)、灵关(今芦山)、严道(今雅安)、笮都(今汉源)、泸沽、登相营古堡(今喜德)、邛都(今西昌)、盐源,然后渡过金沙江,从四川进入云南青蛉(今大姚),经大勃弄(今祥云)、叶榆(今大理)翻越永平博南山,渡过澜沧江,进入永昌(今保山),再渡怒江,进滇越(今腾冲),然后从古永(勇)出国,到掸国(今缅甸),再到身毒(今印度)。南方陆上丝绸路的出发点,除蜀外,还有僰道(今宜宾)。从僰道渡金沙江,沿着秦开汉拓的"五尺道",经云南之盐津

---

① [汉]司马迁. 史记·西南夷列传[M].卷一百一十六,北京:中华书局,1959:二九九三—二九九四.

② [汉]司马迁. 史记·西南夷列传[M].卷一百一十六,北京:中华书局,1959:二九九五.

③ 中共曲靖地委史志委.滇东风物[M].昆明:云南人民出版社出版,1987:110.

石门关、朱提（今昭通）、汉阳（今贵州赫章）、味县（今曲靖地区）、滇（今昆明）、楚雄，这条路延伸到叶榆，便与从蜀出发的丝绸路重合了。南方陆上丝绸路到了缅甸、老挝、柬埔寨和越南，同暹罗湾、安达曼海和南海上交通连接；到了印度，再延伸出去，就与西欧、非洲相通了。它实际上是我国西南与西欧、与非洲之间距离最短的陆上交通线。

与北方陆上丝绸之路相比较，北方陆上丝绸之路于公元前二世纪张骞通西域，汉武帝打败匈奴之后，才逐渐发展起来；南方水上丝绸之路，则在公元前四世纪便已通行，起码比北方陆上丝绸早数百年。可是，中原统治者对此一直一无所知。公元前122年，张骞出使西域归来，谈到在大夏（今阿富汗）地区发现有经过身毒国运来的"蜀布"、"邛竹杖"，认为其间必有道路可通①。至此，这条古道才上了史书，才引起了中原统治者的关注。汉武帝遣使四次到"西南夷"，寻求西去的道路，但由于游牧的"昆明"人的阻挠，未得结果，只好返回。然而，这并不意味着这条商路已经断绝。"当时，民间的交往正以官方所难以想象的方式自然地进行着。在人类发展的历史中，这种形式的文化交流，事实上要比史书记载的文化交流，不知道要丰富多少倍。"②这表明，西南陆上丝绸之路的开通，实际上就是民间交往的结果。同时，在现今滇西地区各部落归附于汉后，汉武帝组织了开拓经过博南山渡过澜沧江，通往永昌的道路，并且派遣大批汉族移民进入永昌，在这里设置了不韦等六个县，隶属益州郡管辖。东汉时，则进一步开发永昌地区并新设永昌郡。由此，南方陆上丝绸之路趋于繁荣。

（四）滇黔线

滇黔线，即庄蹻开滇路线。庄蹻开滇时间约在公元前300至公元前280年之间，他率部众从郢郢（今湖北荆州）出发，经黔中（今贵州沅陵）从水路到达且兰（今贵阳以东），然后舍船登陆，通过征服夜郎部落，再向西

---

① [汉]司马迁.史记·西南夷列传[M].卷一百一十六,北京:中华书局,1959:二九九五.
② 常霞青.麝香之路上的西藏宗教文化[M].杭州:浙江人民出版社,1988:201.

行,最终到达滇池地区。① 这条路线大体就是后来成为云南与内地交往的主干线之一的滇黔线。

云南和内地的直接政治联系,从史载来看,当然是从庄蹻入滇开始的。但这条路线的形成,是云南古代各民族与内地各民族之间长期经济文化往来的结果。因为云南古代各民族与内地各民族之间的经济文化交流,特别是与楚国的往来,早在庄蹻入滇之前就已经很密切。当时,楚人常以"蛮夷"自称,认为自己与南方和西南的少数民族原有密切联系。《楚辞·招魂》中有:"魂兮归来,南方不可以止些。雕题、黑齿,得人肉以祀,以其骨为醢些,"反映了楚人与南方少数民族的联系。楚人不止一次到百濮地区从事开发,诗人屈原曾表达"济沅湘以南征兮"的愿意,说明庄蹻沿沅水入黔中的路线,原是战国时期人们常走的道路。战国时楚墓中,曾出土有"料珠二件",可以推断是公元前四世纪中叶经这条路从印度运进的。庄蹻及其部下进入滇池地区后,能"变服,从其俗"的原因之一,恐怕也是在文化上滇池地区当时的"靡莫之属"与楚人原有共通之处,能够相互适应。② 因此,在庄蹻开滇之前,滇黔至楚之间早有诸多小段的民间商道相连接,形成云南与楚国之间的经济文化往来通道。庄蹻王滇之后,两千多年来,这条路线不断扩展和走向繁荣。

(五)步头路③

步头路,就是从永昌地区到交趾(今越南)间的商路,大概是由于东汉在云南设立永昌郡以后开通和繁荣起来的。但这条商道的路线走向如何,史书并无详细记载。《后汉纪·卷十五》中记载:"安帝元初中,日南塞外擅国献幻人。能变化吐火自支解,又善跳丸,能跳十丸。……自交州外塞擅国诸蛮夷相通也。又有一道与益州塞外通。"在《后汉书·安帝纪》又有记载:"(永宁元年)十二月,永昌徼外掸国遣使贡献。""永宁二年,封掸国王雍由

---

① [汉]司马迁.史记·西南夷列传[M].卷一百一十六,北京:中华书局,1959:二九九三.
② 方国瑜.滇史论丛:第一辑[C].上海:上海人民出版社,1982:21.
③ 王明达,张锡禄.马帮文化[M].昆明:云南人民出版社,1993:35—36.

调为汉大都尉"。把上述史料结合起来分析,可以大致推断,由于掸国是云南及东南亚古代泰、傣族的居住地,云南的傣族和东南亚泰、傣族早在公元前二世纪以前,最迟至公元初以前就已经分布于我国西南边疆和东南亚北部。经过秦汉两朝,特别是自南方丝绸之路开通后,以滇池地区为枢纽的商路交通网已基本在南方形成。因此,这条商路是从永昌出发,并经今傣族居住的西南地区或东南亚北部而到达越南的;向南,由陆路经今江川、通海到步头(今元江)。这条商路史称步头路。

步头路,是云南从汉以后到隋唐以前这段时间发展起来的重要商路。它在内部把元江、通海、安宁等这些爨地重镇连接起来,极大地促进了沿途社会商品经济的发展。《云南志·云南管内物产》中记载:"安宁城中皆石盐井,深八尺。城外又有四井,劝百姓自煎。升麻、通海以来,诸爨蛮皆食安宁盐"可见,当时云南安宁盛产食盐,这些食盐通过步头路运销各地,其中步头成为交通要冲,也成为安宁盐行销集散地。

同时,步头路还是云南最早的对外贸易路线之一。首先,步头路以步头为起点,占红河通航便利,沿江东行,抵达安南,并由安南入海。此水道当自古有之。景泰《云南志》"元江府"中说:"在临安之西南接白夷、和泥,旧名惠笼。"白夷(今傣族)、和泥(今哈尼族)早已居住在红河两岸一带,并达古涌步(今红河州河口)地区,当地各族群众可自此沿江而下到安南(今越南)。《明实录·宪宗实录》卷二一七中也有相关记载:"昔商人由此(纳更山,今属云南红河境内)贩货往莲花滩与交(趾)人互市。"其次,由步头往南循狭谷,通陆真腊(今老挝国),再转出海。唐世友的《帝王世纪图谱》中载唐僧一行《山河分割图》注记地名,把云南滇池之南称为真腊,即因滇池与陆真腊之间交通以步头为枢纽。第三,步头路西以威远(今云南景谷县)为关,茫乃道(车里)为蔽,而达西洋,如弥臣(今缅甸伊洛瓦底江入海白古地区)、昆仑(今中国与越南、缅甸交界一带)诸国。据《寰宇通志》等书记载,威远城为步头之前哨重地。樊绰的《云南志》中记载:"水路下弥臣国三十日程,南至南海,去昆仑三日程。"

二、南昭大理国时期的商贸路线

南诏大理国时期,由于南诏、大理国政权和唐、宋王朝的关系时而正常,时而不正常,关于唐宋时期云南马帮的交通情况,在汉文献记载中只是鳞鳞爪爪。总的来说,南诏时,大釐城(今大理喜州)是南诏境内的贸易中心,当然也是交通枢纽,铁桥(今丽江塔城北)是与吐蕃进行畜产贸易之地,拓东(今昆明)是从国都羊苴咩通往广西、贵州和安南的交通枢纽,银生(今景谷至西双版纳附近)和永昌(今保山、腾冲地区)是对东南亚和海外贸易的城镇。大理国时也基本上保持这个格局。具体来说,各路段情况如下:①

(1)原"五尺道"贯通南诏都城羊苴咩。据《新唐书·地理志》记载,自戎州(宜宾)所辖盐泉县南行,七十里至曲州。由曲州至石门镇共计四百八十里,隋开皇五年经过益、汉二州兵拓展。从石门镇经邓枕山、马鞍渡至阿傍部落,共计二百二十五里;又经蒙夔山至阿夔部落,计一百九十里;又一百八十里,至谕官川;又经薄季川至界江山下,计一百五十里;又经荆溪谷、数溁池至汤麻,计三百二十里;再走二百五十里,便至拓东城。从拓东城往西经安宁至曲水,计三百九十里;又经石鼓至伱龙驿,计二百二十里;再六十里,至云南城;再八十里,至白崖城;再八十里,至龙尾城;再北行四十里,至羊苴咩城。

(2)从四川清溪关至羊苴咩路。清溪关在唐时黎州南。自成都经邛州、邛崃关、黎州,便达清溪关。据《新唐书·地理志》载,自清溪关南经大定城至达仕城,计一百一十里;西南经箐口至永安城,计一百二十里。永安城已是滇筰要冲。又南经水口西南,度木瓜岭,至台登城,计一百二十里。又九十里至苏州县,又南八十里至灊州。又经沙野至羌浪驿,计二百六十里;又经阳蓬岭至俄准添馆,计百余里。阳蓬岭之北属灊州境,其南已属南诏境。又经箐口、会川至河子镇城,计四百三十里;又三十里渡泸水,又五百

---

①　王明达,张锡禄.马帮文化[M].昆明:云南人民出版社,1993:38—44.

四十里至泸州,又南三十里至駤荡馆,又百里至伭龙驿。在伭龙驿,此道与戎州(宜宾)往羊苴咩路重合。贞云十四年,内侍刘希昂出使南诏,顺此道。此路线云南境内唐宋时还有一重镇,即姚州(弄栋)。从四川渡泸水后,经褒州、徽州可至姚州,计三百五十里。从姚州连戎州往羊苴咩路,姚州至羊苴咩三百里,至安南水陆路共计二千里。

(3)安南至羊苴咩城路。《新唐书》载,从安南经交趾之太平,至峰州,仅百余里;又经南田至恩楼县,计一百三十里。以上路段为陆路。由此上水路,四十里至忠诚州,又二百里至多利州,又三百里至朱贵州,又四百里至丹棠州,又四百五十里至古涌步(今河口地区)。峰州沿红河而上至古涌步这段路,古称"峰州路",古涌步即这段路的终点。它不仅是交通要口,也是南诏和安南的分疆界。自大中八年后,南诏占据古涌步以南。从古涌步仍航红河,至步头登陆,再至安宁城,为前述东晋以来发展起来的"步头路"。在古涌步登陆,经通海镇至拓东城,称"通海城路"。《新唐书》记此一段从古涌步至拓东城陆路里程为:从古涌步经浮幻山、天井山,至汤泉州,计一百八十里;又五十里至禄索州,又十五里至龙武州,又八十三里至悦迟顿;经八平城,又八十里至洞澡水;经南亭,又一百六十里至曲江;经通海镇,又一百六十里至绛县(今江川),又八十里至晋宁驿,又八十里至拓东城。由拓东城经安宁城,西至羊苴咩城。

从古涌步(今云南河口)经步头(今云南元江)至拓东城一路,里程文献资料难寻。但据方国瑜笔先生考证:"自拓东一日至安宁,又二日至昆阳,一日至玉溪,一日至峨山,一日至杨武坝,一日至青龙厂,一日至元江城,以上皆为陆路,总计需要八日。自元江顺红河水路南下,五日至蛮耗,二日至河口,共计七日。"此外,唐宋期间,向东南,沿南盘江上游和右江,经邕州(今广西南宁)入海之路,也显现了充分的活力,成为西南与中印半岛各国交往的主要通道之一。

(4)大理国至广西宜山商路。此路基本就是滇黔线的延伸,说明古庄蹻开滇路线历经上千年历史而不衰。

(5)古西南陆上丝绸之路的新发展。南诏、大理国时,南诏与东南亚各政权间既有密切政治交往,也有战事,经济贸易也不断发展,因此,此道越来越兴旺。关于此道的记载也较细。据《新唐书》记载,自羊苴咩城至西永昌故郡三百里,又西渡怒江,至诸葛亮城二百里。

从诸葛亮城可南行,也可西去。南行至乐城二百里;入骠国境后,经万公等八部落,至悉利城,计七百里;又经突旻至骠国千里;又经骠国西度黑山,至东天竺迦摩波国一千六百里;又西北渡迦罗都河至奔那伐檀那国六百里;又西南至中天竺国东境恒河南岸羯朱喝罗国四百里;又西至摩羯陀国六百里。

由诸葛亮城西去,至腾冲二百里;又西至弥城百里;又过西山至丽水,计二百里;西渡丽水,龙泉水,至安西城,计二百里;西渡弥诺江水,至大秦婆罗门国,计千里;又西渡大岭,三百里而至东天竺北界个没卢国;又西南行一千二百里,至中天竺国东北境之奔那伐檀那国,与骠国往婆罗门路重合。

樊绰的《蛮书》记南诏疆界接连诸蕃夷国名亦记云:"弥诺国、弥臣国在永昌城西南六十日程,大和九年南诏曾破其国,劫金银,掳其族三二千人配丽水淘金;骠国,在永昌城南七十五日程,阁罗凤所通也,……有移信使到蛮界河赕,则以江猪、白氈及玻璃罂为贸易,与波斯及婆罗门邻接,西去舍利城二十日程;昆仑国,正北去蛮界西洱河八十一日程,一蛮贼曾将军马攻之,被昆仑国让开路放进军后,凿其路,通江决水淹没,进退无计,饿死者万余,不死者去其右腕,放回;大秦婆罗门国,界永昌北,东去蛮阳苴咩城四十日程,蛮王善之,衔来其国;小婆罗门,与骠国及弥臣国接界,在永昌北七十四日程,与大耳国往来;夜半国,在蛮界苍望城,东北隔丽水城……其部落妇人唯与鬼通,能知吉祸福……蛮夷往往以金购之,要知善恶。"上述这些国家除波斯在今伊朗外,据向达的《蛮书校注》和赵吕甫的《云南志校释》考证,除昆仑国向达认为在今泰国境内赵吕甫认为在今缅甸怒江入海口附近,其余国家,两人都认为在今印度、缅甸境内。

(6)从羊苴咩经镇南出口东南亚商道。据樊绰《蛮书》记载:"女王国去蛮界镇南节度三十余日程,其国去瀼州一十日程;往往与瀼州百姓交易。蛮贼曾将二万人伐其国,被女王药箭射之,不存一,蛮贼退回。"此女王国,学者们有的认为在今泰国境内,有的认为在今老挝之桑怒省境,但他们所说的大致方向都在我国今西双版纳之南湄公河附近。

《蛮书》另载:"水真腊国、陆真腊国,与蛮镇南相接。蛮贼曾领马军到海峤,见苍波汹涌,悄然收军却回。"水真腊,学者认识较一致,皆认为在今柬埔寨;陆真腊,有学者认为在今柬埔寨,另有学者则认为约在今越南义安省与泰国东境及云南之间。

(7)羊苴咩至铁桥商路。唐朝,吐蕃与南诏时分时合,直至唐贞元十年(公元794年)神川之役后,迪庆地区两江(金沙江、澜沧江)河谷地带属剑川节度使。从羊苴咩经剑川进铁桥(今丽江北塔城)的商路通宋王朝时,在"茶马互市"影响下,这条线成为大理与滇西北迪庆、丽江地区,云南与四川、西藏间商业交往通道。

(8)保山到瑞丽或畹町镇一线。常霞青先生在他的《麝香之路上的西藏宗教文化》一书中提到这条交通线。但这条线是否古已有之,仍待考证。某些学者认为,该线由保山出发,在今天的惠通桥附近渡过怒江,经龙陵、潞西、三台山、遮放、畹町镇到瑞丽,这一交通线,由畹町镇过瑞丽江,与现在缅甸的木姐相接。由木姐,经姐兰、南坎、曼文、八莫、曼昌、多喷延,可到密支那,再经敦邦卡、拉瓦、夏都寨、辛隆嘎、达崩、新背洋、纳特科、南亚腊、郎克鲁,越那加山,经印度的利多、迪格博伊、锡布萨加尔、纳济腊、乔尔哈特、戈拉加特、博卡姜、迪马普尔、普里佩马、科希马,可达英帕尔。如果由锡布萨加尔往西经纳萨尔巴里(这里同途经西藏的帕里、亚东、嘎伦堡的交通线相接)、巴特那,可达印度的宗教圣城贝拿勒斯。

三、元明清时期的驿道

元明清时期,马帮运输主要沿着官府开辟和设立的驿道及其驿站展开,因而,这时期的马帮运输路线,与驿道基本相同。以驿道作为运输路线,使马帮运输更加方便、规范与发达。

(一)元朝的站赤

元朝初年,元军征滇入缅所过诸路,开辟驿道,如大理、乌蒙、金齿、蒲缥等处,置立站处,设卫送军,称为"站赤",这就是蒙古语驿馆的站名。元朝统一全国后,迅速在全国范围内建立起四通八达的站赤。各驿站兴废不常,然而,站赤之制自元代开始,并一直发展延续至明清。

据《元史·兵志·站赤》记载:"云南诸路行中书省所辖站赤七十八处:马站七十四处,马二千三百四十匹,牛三十只。水站四处,船二十四只。[①]"这种全国性的驿传运输建立,目的原本在于"通达边情,布宣号令",便于使节往来,但在客观上却起到了沟通全国各地交通的作用。这些站赤的设立,不仅把云南境内主要交通线上的城镇联结了起来,同时,又通过这些交通线上的主要城镇把周围广大的乡村,使马帮运输的路线开始深入到乡村山寨。

(二)明朝的驿站

明朝先后征滇入缅,因袭元制。明洪武十五年,明谕置驿传通云南,并令东川、乌撒、乌蒙、芒部诸部各率土人随其疆界远近筑道路,各广十丈,准古法以六十里为一驿。明代云南的驿站,有存有撤,大约有八十。其中:[②]

云南府有九个:滇阳驿、板桥驿、宜良县汤池驿、富民县利浪驿、嵩明州杨林驿、晋宁州晋宁驿、安宁州禄脿驿和安宁驿、禄丰县禄丰驿。

大理府五个站:洱西驿、德胜关驿、赵州定西岭驿(在州南六十里)、云南县云南驿(在县东南四十五里),邓川州邓川驿(在州南八里)。

临安府八个站:蒙自县蒙自驿和新建驿(在府东城外)、通海县通海驿(在县东)、建水州曲江驿(在州东北)、石屏州宝秀驿(在城东南)、阿迷州阿迷驿、罗台旧驿和矣马洞驿。

楚雄府七个站:定远县定远驿和峨㵑驿、定边县新田驿(去县九十里路通景东)、楚雄县吕合译、广通县路甸驿和捨资驿、镇南州沙桥驿。

---

① [明]宋濂.元史·兵志[M].卷一百一,北京:中华书局,1976:二五八九.
② 王明达,张锡禄.马帮文化[M].昆明:云南人民出版社,1993:45—46.

徵江府两个站：江川县江川驿、路南州和摩驿。

景东府两个站：板桥驿、景东驿。

广西府四个站：师宗州在城驿、维摩州曲部驿、维摩驿和阿母驿。

广南府两个站：在城驿、速为驿。

曲靖军民府八个站：南宁县泉关驿、沾益县沾益驿、倘唐驿、炎方驿和松林驿、陆凉州普陀驿、马龙州马龙驿、罗雄州多罗驿。

姚安军民府两个站：青蛉驿、姚州普棚驿。

鹤庆军民府两个站：在城驿、观音山驿。

武定军民府四个站：和曲州环州驿、和曲驿、姜驿、虚仁驿（隆庆元年移高桥）。

寻甸军民府一个站：易隆驿。

丽江军民府一个站：在城驿。

元江军民府一个站：因远驿。

蒙化府两个驿：漾濞驿、开南驿。

永昌军民府十七个站：潞江驿、金齿驿、沙木和驿、蒲缥驿、甸南驿（万历年间移腊底）、罗卜恩庄驿（万历年间移榅木）、孟哈驿（万历年间移布岭）、小保场驿、老姚关驿、景永驿、邦曩驿、勐哈驿、蛮莫驿、永平县永平驿和打牛坪驿、腾越州腾冲和龙川江驿。

干崖宣抚司六个站：麓川平缅宣慰司戛赖驿和大店驿、缅甸宣慰司阿瓦驿、干崖宣慰司古剌驿、甸头驿、雷弄驿。

北胜州三个站：宁番驿、澜沧驿、清水驿。

由于明朝云南各府州县皆设驿站，置于府州县城的站，称为在城驿。其他各站，多置于冲要之区。

（三）清朝的站铺

到了清代，在元、明两代驿站的基础上，云南的驿站更加发达。据《大清会典事例》，清代云南省置驿八十五处，内计驿站十九个、堡十二个、军站五

十四个。其中：①

云南府九个站：昆明县滇阳驿（有在城堡附入滇阳驿）和板桥驿（有板桥堡附入）、嵩明州杨林驿（有杨林堡附入）、晋宁州军站、呈贡县军站、安宁州军站、禄丰县军站、老鸦关军站、昆阳州军站。

大理府六个站：太和县上关堡、赵州白崖堡、赵州军站、红崖军站、云南县小云南堡、云南县军站。

楚雄府八个站：楚雄县军站、吕合军站，姚州普棚军站、姚州军站、镇南州军站、镇南州沙桥堡、广通县军站、捨资军站。

临安府一个站：熠峨县军站。

徵江府一个站：新兴州军站。

曲靖府十七个站：南宁县白水驿和定南驿、沾益州南宁驿（在府北三十里）、交水堡、三岔驿、松林驿、普鲁吉堡、炎方驿和火忽都驿，马龙州马龙驿、寻甸州易隆驿和古城驿、平彝县多罗驿和平彝堡、宣威州沾益驿、倘塘驿和可渡驿。

丽江府两个站：鹤庆州观音山堡、剑川州州堡。

普洱府六个堡：宁洱县军站，通关哨军站、把边江军站、磨黑军站、他朗厅军站、阿黑江军站。

永昌府二十三个站：保山县军站，杉木和军站、威宁哨军站、官坡军站、蒲缥军站、腾越州军站、橄榄台军站、曩宗军站、龙抱树军站、别拉军站、蛮笼军站、永平县军站、太平军站、黄连军站、天井军站、花桥军站、龙陵厅军站、蛮怕军站、邦迈军站、潞江军站、蒲蛮军站、镇安州军站、黄埠坝军站。

元江直隶州六个站：元江军站、青龙厂军站、莫浪塘军站、大歇厂军站、新平县罗吕乡军站、杨武坝军站。

蒙化厅两个站：蒙化厅合江军站、漾濞军站。

雍正七年云南、广西间二十五个站：呈贡县七甸驿、宜良县宜良驿、路南州路南驿和大麦地驿、弥勒州竹园村驿、州城驿和二台坡驿、邱北县小江口

---

① 王明达,张锡禄.马帮文化[M].昆明:云南人民出版社,1993:47—48.

译、腻革竜驿、白色古驿和树皮驿、广南府弥勒湾驿、上安排驿、者报驿、者兔驿、木贴驿、董那孟驿、高枧槽驿、蜈蚣菁驿、响水驿、普听驿、泗亭驿、平岭驿、者桑驿、剥隘驿，以下即至广西田州的渌冲驿了。

在云南驿道所属各府、厅、州、县置驿设堡的基础上，又由各州县通向东西南北，于是又设置铺。总计铺数在四百六十处以上，铺与铺间距离或十里、十五里、二十里、三十里、四五十里不等。其中：①

云南府四十二铺：昆明县县前、金马、板桥、赤水、鹏里、林折、石园、清水共八铺；富民县县前、麦管、罗葵等四铺；宜良县县前、汤池、黄草、羊街等四铺；罗茨县县前、禄表等两铺；晋宁州州前、十里、三岔、三尖共四铺；呈贡县县前、牛街、七甸共三铺；安宁州州前、禄表等两铺；禄丰县县前、南平关、清水沟、响水、白塞湖共五铺；昆阳州州前、渠东、里西、平定、三岔、汉人营共五铺；易门县县前、矣楼共二铺；嵩明州者察、乙夫、纳罗傍、纳僖共四铺。

大理府五十四个铺：太和县府前、阳和、阳南、新城、作邑、莪莨、波旁共七铺；赵州州前、汤岭、赤佛、定西岭、青加买、弥渡、旧铺、德胜、练场、龙王庙、乌龙坝、罗摩牙、腰会、弥只共十五铺；云南县县前、清华、清海、梁王山、定西岭、倚江、青龙、云南、休滂、水盆共十铺；邓川州州前、渠便、寺寨共三铺；浪穹县县前、马头、应山、温泉、好树、凤羽、江嘴、筐溢共八铺；宾川县州前岗、白羊、白塔市、梁王山、乌龙坝共六铺；云龙州州前、大井、关平、荷溪等五铺。

临安府四十三个铺：建水县县前、白鹤、南庄、板桥、甸尾、龙泉、波罗等十一铺；石屏州州前、瓦屋、修冲、宝秀、迎站、将台、马龙共七铺；阿迷州州前、市斗、赤水、龙桥共四铺；宁州州前、义广甸、苴梅子、石崖共四铺；通海县县前、中伙共二铺；河西县县前、矣记、急递、绿碑、曲陀共五铺；个旧县县前、普合、山岭、迤江、总果共五铺；蒙自县县前、十里、矣坡、芭蕉、倘甸共五铺。

楚雄府三十一个铺：楚雄县吕合、大石、木瓜共三铺；镇南州州前、水盘、沙桥、双梅、苴力、天神堂、水井共七铺；南安州州前、木瓜共二铺；姚州州前、

① 王明达,张锡禄.马帮文化[M].昆明:云南人民出版社,1993:48—51.

摄达、三窠、关锡、大桥、观者箐、天苴、长坡、普棚共九铺；大姚县县前、望云共二铺；广通县县前、舍资堡、兰谷、崖壁共四铺；定远县县前、会基园、琅井、黑井共四铺。徵江府十九铺：河阳县县前、提占、者的、乌乍、河涧共五铺；江川县县前、茨桐、明野、陆冲、双龙共五铺；新兴州州前、皂角、三岔、普妙共四铺；路南州州前、板桥、田丈、矣和、摩林口共五铺。

广南府宝宁县六铺：木贴、者老、者钟、马则、法目、弥勒湾。

顺宁府十七铺：顺宁县赤壁岭、枯柯、中伙、大桥、牛街、者瓦、罐窑、新铺、小桥、右甸共十铺；云州州前共一铺；缅宁厅城外、白塔、腊丁、一碗水、箆笆桥、永镇关共六铺。

曲靖府四十二铺：南宁县府前、古城、上新、白水共四铺；沾益州州前、阿幢、公馆、山塘、长冲、十里、遵化、松韶、来远、丽泽、海子共十一铺；陆良州州前、台跨、大地共三铺；马龙州州前、响水、昌隆、白塔、赵福共五铺；罗平州州前一铺；寻甸州州前、新铺、清水沟共三铺；平彝县县前、东铺、多罗、腰站共四铺；宣威州州前、洪桥、龙山、永安、十里、来宾、通南、可渡、新添、水塘、倘塘共十一铺。

丽江府八个铺：丽江县县前、七河、清水共三铺；鹤庆州班登、英哥水、渡口共三铺；剑川州州前、清水共三铺。

蒙化直厅十七铺：厅前、石佛街、甸中、甸头、三台、漾濞、澜沧江等。

永北直厅六个铺：厅前、清水驿、罗门、答旦、片角。

普洱府二十二个铺：宁洱县县前、磨黑、把边江、思茅、铁厂河等十一铺；威远厅厅前、景谷、抱母、猛乃香、盐等十一铺。

景东厅十个铺：包括厅前、他郎、厅铺等。

永昌府三十九铺：保山县新街、诸葛营、冷水箐、甸杂、阳和镇、安羊邑、鸟麻、西山镇、姚打、版大捷、八湾、小保场等十四铺；腾越厅州前、赤土、悍马、前竹道、太平共六铺；永平县县前、黄连、胜备、天井等十一铺；龙陵厅龙陵草、草场、镇安、所邦、蛮老等八铺。

开化府文山县七铺：法古、多衣、热水、河康等七铺。

昭通府二铺：鲁甸、有铺共二铺。

广西直州四铺:广西州前一铺;师宗县县前一铺;弥勒县县前等二铺。

元江直州二十二铺:直州州前、青龙厂等十三铺;新平县县前等九铺。

武定直州七铺:直州州前、旧州等五铺;元谋县县前、环州共二铺。

镇沅直州三铺:州前、等司、六名共三铺。

以这些驿站和站辅为基础,在铁路、公路未兴以前,清代形成了多条通省大道(当时云南计量制为 1 公里等于 1.736 华里)。代表性的有:①

昆明和贵阳间:共计 704 公里,1223 华里,中经曲靖、平彝、贵州普安、安顺等重要站口,马帮须走 20 日。

昆明和四川泸县间:共计 929 公里,1613 华里,中经曲靖、宣威、贵州毕节、四川叙永登重要站口,马帮须走 25 日。

昆明和四川宜宾间:共计 976 公里,1695 华里,中经会泽、昭通、盐津等重要站口,马帮须走 24 日。

昆明和四川西昌间:共计 563 公里,679 华里,中经武定、元谋、西康会理等重要站口,马帮须走 18 日。

昆明和缅甸八莫间:共计 1173 公里,2036 华里,中经禄丰、楚雄、下关、保山、腾冲等重要站口,马帮须走 33 日。

昆明和西康巴安间:共计 1742 公里,3026 华里,中经下关、丽江、维西、阿墩子等重要站口,马帮须走 43 日。

昆明和车里(今景洪)间:共计 891 公里,1548 华里,中经玉溪、元江、普洱、思茅等重要站口,马帮须走 25 日。

昆明和广西百色间:共计 1090 公里,1893 华里,中经玉溪、通海、建水、蒙自、文山、广南、富州、剥隘等等重要站口,马帮须走 28 日。

在这几条通省干线中,滇黔线分两条:一条从昆明向东北,经杨林、易隆、马龙、沾益、平彝,到达贵州普安;另一条从沾益向东北,经炎方、宣威、倘塘、可渡箐、头铺,到达贵州威宁。这两条道是清代云南省通达京城大道。

昆明、贵阳间大道,自贵阳北行经遵义、綦江可达重庆;自贵阳东行经镇

---

① 王明达,张锡禄.马帮文化[M].昆明:云南人民出版社,1993:51—53.

远、铜仁可达湖南常德,此为滇湘干道。由常德可以北走河朔,东通淮海,故此路为云南省与国内交通之主脉。而商旅马帮一般是从昆明出发,一般至镇远下船,然后走水路。从贵阳经古州至桂林再转广东北部、湖南。从昆明至贵州,还可以从宜良、陆良、师宗、罗平至贵州兴义,由兴义可以北走贵阳,南入广西。这也是当时云南商旅马帮常走的通道。

昆明和广西百色间大道,清雍正年间,因云贵总督兼辖广西,这条路也便发达起来。昆明、百色间还有经罗平、凉水井的线路。近代民国期间,由蒙自转越南出口后,昆明、百色间这条线路所有冷清。

滇川线中经嵩明、东川、昭通、大关达四川泸州这条路,清代为云南由东川、寻甸向京城解运京铜要道。

昆明、缅甸八莫间和大理、四川巴安间大道是昆明通滇西的主干道,也是入滇征缅军故道。其中由顺宁至下关段,为运茶要道。

昆明、四川会理或大理、会理间大道;昆明、宜宾间驿路,系为滇蜀交通要道。

昆明、四川西昌间驿道亦为云南省与川、康间之重要路线。自古以来,川康货物运至缅甸,滇西货物进川康,皆由此道。

滇西入西康驿站,还有由丽江经永宁、木里至康定之路线,计程十八日;由丽江经中甸乡城至理化之路线,计程二十日;由丽江经中甸、德荣至巴安之路线,计程二十五日;从巴安西北行经昌都、太阳可入西藏。

昆明、车里间路线为云南省西南驿路干道。由车里西南行至缅甸掸部之康东,西行至曼德勒、仰光,南行至泰国之景迈、曼谷;由车里南行入越南,可达老挝。

从昆明向东南经呈贡、晋宁、江川、通海到蒙自,经红河水运,可达越南海防。此路线成为云南重要对外贸易出口。

四、近代及民国时期马帮运输的四大干线

近代及民国时期,马帮运输四大干线的形成,主要有两个方面的背景:

一方面,1889 年以后,由于云南蒙自、腾越、思茅先后开辟为商埠,建立了海关,享有对缅、越进出口贸易的优惠待遇,对缅、越、老的进出口货物大大增加,因而使云南马帮的运输业务及运输路线得到扩展;另一方面,过去云南马帮的一项重要运输业务是承运京铜和食盐,导致运输路线单一,1903 年以后,由于海运的畅通,大批洋铜通过海轮直接运往上海、天津转动北京,因而滇铜运京的数量逐年下降,这样一来,就有大批马帮转从事对内对外商业物资的运输。由此,1903 年以后,云南马帮运输逐步形成滇西、滇东、滇西北、滇南四大干线:

(一) 滇西干线

滇西干线是四条马帮驿运干线中路程最长的一条。马帮驮运自昆明经安宁、禄丰、楚雄到下关,全段约 481.5 公里,行程约为 13 天;下关至保山、腾冲约 481 公里,约需 12 天;自腾冲南下到缅甸八莫 210 公里,约为 8 天的行程。总计昆明至八莫共 1175.5 公里,需要 33 天的行程才能到达。①

滇西干线是元明清以来云南与缅甸、印度贸易的主干线。民国时期云南的主要大商行,如永昌祥、庆正裕、永茂和、茂恒等,都经营此线滇缅贸易。此线以下关为转运中心的主干线和分支线,国内连接着大理、保山、腾冲、丽江、鹤庆等十余县和景东、景谷等地;延伸至国境外,即为腾越关出国境的各条商道,在其接续缅甸近代交通前均为马帮运输,如至八莫轮运码头、密支那火车站和腊戌铁路和公路车站等,而后"自八莫有铁路通曼德勒及仰光,或泛伊洛瓦底江至仰光",北上还可到印度雷多。此外还有由顺宁、镇康至缅甸腊戌的各条商道,也属于这条干道体系,"又由缅入境货物,自保山至顺宁,即程八日,共三百公里,合四百华里。又由顺宁至下关,计程八日,共三百公里,合五百二十华里,为运茶要道。"②

走这条路线的马帮主要是"楚雄帮、大姚帮、姚安帮及大理洱海地区的白族马帮,运输的出口货物主要有川丝、纺丝、条丝、山货、药材、铁具、火腿、

---

① 周钟岳. 新纂云南通志·交通考一[M]. 卷56,民国33年修.
② 周钟岳. 新纂云南通志·交通考一[M]. 卷56,民国33年修.

纸张、粉丝、石磺、茶叶等,数量相当可观。"①李生庄的《滇缅交通线刍言》记载:腾越"黄丝输出总数每年约为 15000 包;花纱输入总数每年在两万驮以上。"②再以腾越关出口商品为例:1912 年出口商品值关平银 51.4 万余两,约有 3.2 万驮,1919 年猛增至关平银 191.9 万余两,为 12 万驮,③也就是说当年曾有 12 万匹次的驮马进出缅甸,进行贸易。由此可见滇西干线马帮运输的繁盛。

滇西干线有二条支线运输茶叶、棉纱等商品:一是由下关经凤庆、云县、临沧、景东、景谷、双江运输勐库茶、凤庆茶至下关加工为沱茶,每年约有驮马 4~6 千匹驮运;二是由保山、永平、下关至耿马、镇康、麻栗坝驮运大烟及其它土特产品,每年约有驮马 2~4 千匹驮运④。此外,滇西干线还与昆明至四川西昌间的驿路相接。"昆明西昌间驿路,亦为滇省与川康间之重要路线,由西昌十日至雅安,再六日至成都。由雅安八日至康定,再九日至理化,又五日至巴安。自来川康土产货物运缅销售者,均由西昌会理经永仁宾川而抵下关,再转运至八莫。由缅甸或滇西运入川康货物亦取道于此。"⑤昆明至四川西昌,行程 563.8 公里,约需日程 18 天,往上直接深入四川最富庶的成都地区,从云南各关出口的生丝主要来自这一地区。两条干线相续接,向外运销四川的条丝、纺丝、丝绸、川芋,云南大理的石磺、火腿、铁具、各种土产及药材等,向内运输进口棉货(包括棉花、棉纱、匹头)及各种机制日用品等。这两条线相结合,是自古至民国时期云南对外贸易,尤其是滇缅贸易最重要、时间最长、贸易量最大、影响最广的马帮运输通道。

在对外贸易中,滇西干线的马帮除运输昆明与缅甸之间的进出口货物以外,还要从腾冲输出以下关为集散地的商品。腾冲关在蛮充、弄璋街设立关卡,稽查征税。入缅道路是先由腾冲到南甸、遮岛、干崖、弄璋街,再或由新路即蛮线、古里卡至八莫,或由老路即蛮允、红蛙河至八莫。

滇西干线沿途除要翻越高黎贡山、怒山云岭及其支脉外,还要跨越怒江、澜沧江、漾濞江等江河激流,高山终年积雪,峡谷炎热多雨,从而集中地反映了马帮行道之难。在王纬的《滇西驿运调查报告书》中有这样的记载:"(驿路)路面可分土面、石面二种,土面多为黄泥,亦有矿质及风化岩石者。黄泥路每被骡马践踏成沟,愈久愈深。如腾冲龙陵间有一段山路,既经驮马践踏,复被雨水冲刷,其状竟如人挖之渠道。小平河至禾木树间有一段山坡,被马踏出横沟多条,状如水波,波距等于马行一步之距离,雨季行走殊难,比较平滑之山坡,在雨季亦因泥滑坡陡,上下困难。他如保山下关间路线所经澜沧江西岸,有水石坎,其地者路面险峻而常湿,稍有一点不慎即有不滑倒谷中之虞。石面路在滇省之铺砌法,各县皆略同。以滇西干线而言,铺砌部分在三四公尺间,普通于中线铺条石一道,宽度三十公分,两旁则以乱石镶填之,石下无基础,年久则崎岖不平。在西线中除各线平坝中尚有完好路面外(腾冲境内完好者最多),其在较远之地区,已多残缺。以保山至腾冲一段为例言,约计石路不及全段 1/4,其完好者又不及一半。概括言之,昆八线(昆明至八莫)旧路虽仍在通行马驮,终为障碍重重之交通线。""大江之上,很少有桥梁之便,行人马帮要通过,一般只能借助于摆渡和溜索。在江面宽阔,江水平缓的地方,有平底木船可将人、骡马和货物渡过去,没有太大的危险。如滇西方向惠人桥、惠通桥之间的土城坝渡,在新城东北17.5 公里格拉寨附近,渡河工具为当地私人所编之竹筏 1 支,系用当地所产茅竹 8 根,并列编扎而成。中有长者 4 根,长度 12 米,短者 4 根,长 7 ~ 8 米,竹径 10 厘米至 15 厘米。筏最宽一端阔 1.1 米,通常以用渡附近村寨来往之乡民。每次能容 6 ~ 7 人,由一人划浆推进,江面虽宽(约 100 米),水尚平缓,过江需时约 10 分钟。"[①]但在水道复杂、激流汹涌而没有架桥的地方,特别是在澜沧江上,人、骡马、货物就只能靠悬在江面上的两根溜索通过。"溜索是固定在江岸上的两条竹篾,一高一低,形成一定的坡度,人或

---

① 王纬.滇西驿运调查报告书[R].民国 30 年 4 月至 6 月,云南省档案馆卷宗号:L55—1—27.

骡马或货物靠坡度形成的惯性滑到对岸。篾竹上抹酥油,用一块类似滑轮的带槽的栗木木块卡在篾竹上,再以一根皮条固定木块,最后将兜住人或骡马或货物的皮条挂在木块上,滑过江去。过溜索时,只要绳子出点问题,人或骡马或货物就会上江里,这样的事情随时都会发生。"①

(二)滇东干线

滇东干线包括了昆明至贵阳、昆明至四川泸县和昆明至宜宾三条干道。昆明至贵阳干道,行程704.7公里,日程约需20天,为云南与贵州间的主干交通道。昆明至泸县和昆明至宜宾两条干道,是云南与四川间的重要交通道路,从滇东北出省,至四川分别在泸县或宜宾接川江航运,与长江中下游发生联系。前者行程929.7公里,日程约25天,至泸县接长江水运;后者行程967.4公里,日程约24天,在宜宾进入四川市场,或接长江水运。昆明宜宾间驿站路,为滇蜀交通要道,自宜宾接长江与岷江航线,沿岷江经乐山、彭山而达成都,计水程三九〇公里,合六七七华里。②

滇东三线均为云南与内地省区的省际交通干线,从事与川、黔之间的省际贸易。这三条运输的主要货物,如川丝、条丝、纺丝、川烟、丝绸、药材等,很大一部分是云南出口货物。云南往四川货物以棉布百货为大宗,下关沱茶也经此线自宜宾至重庆、成都,部分东沿长江销往汉口。江南盛产茶叶,但也输入沱茶。经昭通南运输的物资,除川烟销滇东外,还有四川的条丝、丝绸、皮革、药材、川烟、桐油,汉口棉花在四川纺成布匹,经云南运输出口缅甸。每年约有驮马4—5万匹驮运。③

滇东运输支线小马帮则驮运宣威火腿和小罐猪油、东川铜器、巧家与蒙姑的红糖等名特土产,在滇东黔西一带辗转销售。④

《云南公路运输史》中记载:"民国初年,迤东马帮约有牲口1.9万匹,

---

①　李旭.藏客——茶马古道马帮生涯[M].昆明:云南大学出版社,2000:145.

②　周钟岳.新纂云南通志·交通考一[M].卷56,民国33年修.

③　杨毓才.云南各民族经济发展史[M].昆明:云南民族出版社,1989:310.

④　杜鹃.民国时期的云南马帮驿运[D].四川大学硕士学位论文,2004:26.

运路曲折,运费高昂,且关税很重。"①

(三)滇西北干线

滇西北干线主要是云南西北地区丽江进入西藏的交通线路,这条干线分为两段运输,大理、洱源、鹤庆、丽江的白族、纳西族、汉族马帮,主要是在大理至中甸和德钦一带来回运输。因为这些帮子的骡马驮的是硬驮,即背上有架子,很难再往前走,翻越崎岖狭窄的进藏山道,同时云南马也不习惯行走进藏的雪山道路。第二段是由中甸或德钦进西藏,由藏族马帮负责运输。这种驮马不用鞍架驮货,货物放在皮囊内直接搭在马背上,称为软驮,以便于在陡峭的雪山峡谷中行走。

据史料记载,滇西北干线以下关为起点,经剑川、鹤庆至丽江,主要驮远边销茶、棉纱、匹头、百货等,每年有驮马 1.2～1.5 万匹运输商品。其支线有三:一是以丽江为起点,经永胜、宁蒗、木里至康定,主要驮运边销茶、布匹、火腿、棉纱、百货等,每年约 6～8 千驮。二是由丽江经中甸、德钦至西藏拉萨,主要驮运"蛮装茶"、布匹、棉纱、百货、铁器等,每年约 5—7 千驮;三是由丽江经剑川至兰坪、怒江各县,每年约 1—2 千驮。②

滇西北干线与昆明至车里(今云南)干线相衔接,是思茅关所属普洱茶叶与国外棉货、土杂货等的贸易交通线。它对内通过滇西北干线,直入西藏,向外至思茅口岸及车里等地,出国境后通往缅甸、泰国、老挝和越南。近代民国以来,就茶叶运销而言,这两条道路相连,被称之为"茶马古道";就出国境贸易通道而言,则通常称之为"走夷方"商道。③

由于云南德钦以北气候寒冷,常年大雪封山,进藏马帮一般一年只能来回一次。同时,沿途又多无人烟,需要自带帐篷和干粮,风餐露宿。而且这一路线道长路远,要超越过喜马拉雅山、横断山,跨过雅鲁藏布江、怒江、澜

---

① 云南省交通厅公路交通史志编委会.云南公路运输史[M].北京:人民交通出版社,1995:91.

② 杨毓才.云南各民族经济发展史[M].昆明:云南民族出版社,1989:311.

③ 杜鹃.民国时期的云南马帮驿运[D].四川大学硕士学位论文,2004:29.

沧江,人、骡马、货物都要经皮筏和溜索装卸,还有风雨雪的侵袭,运输活动非常困难艰辛,不仅人时常面临死亡危险,骡马常常折损大半。所以,这一路线除藏族马帮通行外,其他马帮基本无条件运输。1942年初,缅甸、龙陵、腾冲相继沦陷,日军切断云南滇越铁路、滇缅国际运输通道以后,这条人迹罕至的由云南昆明经大理、丽江进西藏拉萨,以至印度噶伦堡的滇西北马帮驿道,成为战时西南地区唯一可以通行的陆上国际交通线。①

(四)滇南干线

滇南干线包括昆明至蛮耗、昆明至百色、昆明至车里三条干线。首先,昆明经蒙自达蛮耗,然后续接红河水路至海防国际贸易港口的马帮驿运通道,是云南出海最近的路线,也是云南传统的对外贸易通道。早在中法战争以前,滇南所产铜、铅、铁、锡、鸦片大多取道红河入洋,各项洋货又取红河入滇,俞行俞热,已成通衢。此线由省城向东南,经呈贡、晋宁、江川、宁州、通海、蒙自、蛮耗,经红河水运,由蛮耗直达海防,通海既近,驿程亦短。集于昆明的马帮货物驮运9天到蒙自,蒙自马帮驮运2天到蛮耗,由蛮耗转木船运输2天到越南老街,老街水运12天至河内,再转轮船1天至海防,全程约30天左右。从昆明至蛮耗之间,均由马帮驮运。其次,昆明至百色干线,行程1090.1公里,约需日程28天,从百色接续右江水运,至北海港口。滇越铁路通车前,“港粤货物均由百色运至蒙自,为当时主要商路”,曾一度是相当繁荣的云南对外通道。1884年中法战争后,滇南对外贸易改由百色至北海。马帮运输昆明至百色一段,由百色沿右江至南宁,里程429公里,由南宁至梧州,可至香港。或自百色转龙州,走海路至上海。第三,昆明至车里干线,行程891.7公里,约需日程25天,此路直接深入普洱茶产地,是通往缅、泰、老、越的重要路线。此干道出国境至曼德勒有三条道路,均由马帮运输,从曼德勒开始,便可利用近代轮船水运或火车运输,后来开辟了滇、缅、印、藏茶叶运输线,仅至东枝即可搭乘汽车,至东吁可搭乘火车,到仰光后转

---

① 王明达,张锡禄.马帮文化[M].昆明:云南人民出版社,1993:24.

海伦等运至印度,极大地缩短了马帮运输行程,减少了运费,增加了货运量。而处泰国、老挝、越南的各条路道,几乎都是马帮运输,没有近代交通工具可利用。[①]

从事滇南线运输的马帮主要是玉溪帮、河西帮、通海帮、蒙自帮、建水帮、开化帮等,输入的商品还是棉纱、匹头、纸类、瓷器和烟类。输出商品为大锡、茶叶、药材等。最重要的出口货物是个旧大锡,"一般用马驮运至蛮耗,用舢板转载下水,沿红河顺流而下,经越南老街、河内至海防,然后航运香港。在香港精炼成标准锡后,再销往其他国家(少部分转口上海,再分销各地)。"[②]

1910年滇越铁路通车以后,川滇出口物资多改由昆明经铁路运到越南海防,然后转为海路运输。云南货物和人员去华北、华东、广州、香港,也以这条运线为捷便,从此滇南马帮运输的主干线被铁路所取代。但铁路里程短,所经各站点客货的集散,仍仰仗马帮作长途接转,背挑人夫作短途装卸搬运。因此,马帮为主的人力畜力运输,仍是铁路运输不可缺少的辅助手段,铁路对滇南马帮的发展并无大的妨碍。仅据蒙自海关统计,民国元年通过蒙自海关的马匹保持在每年2000至8000匹之间。[③] 远离铁路的滇南城乡,马帮仍常年进行运输活动,滇黔间公路未通车前,贵阳、安顺等的"洋货"多由滇东南经兴义运入,当时马帮千百结群,往来不绝。

五、新中国建立后马帮运输路线的衰亡

新中国建立后,云南省的马帮运输经历了曲折的道路。五十年代初期,马帮运输还是云南省的重要运输部门之一。后来,随着农民的大牲畜折价

---

① 云南省交通厅公路交通史志编委会.云南公路运输史[M].北京:人民交通出版社,1995:91~92;杨毓才.云南各民族经济发展史[M].昆明:云南民族出版社,1989:311.

② 杨寿川.近代滇锡出口述略[A].//陆韧.云南对外交通史[C].昆明:云南人民出版社,1997:385.

③ 云南省交通厅公路交通史志编委会.云南公路运输史[M].北京:人民交通出版社,1995:91.

入社,农民马帮大为减少。但城镇马帮还存在。1959 年至 1969 年,云南省驮马曾发展到 15 万匹。1960 年搞"一平二调",严重挫伤了马帮的运输积极性。后经三年调整有所恢复,但文化大革命期间又一次蒙受打击。①

十一届三中全会以后,随着云南省公路、铁路、航空及航运等交通、通信基础设施建设的快速发展,云南省内外、城乡交通运输条件大为改善,汽车、火车、飞机等现代交通工具已经取代传统的"人背马驮"而成为现代社会货物运输的主要方式。在此背景下,云南马帮运输逐步走向衰败,与此相适应,马帮的运输路线也逐步走向衰亡。

六、结论

云南马帮运输路线的变迁表明,马帮运输路线的开辟、发展及兴衰,与马帮运输业自身的发展状况息息相关。当马帮运输事业发展迅速时期,运输路线得到不断拓展与延伸;当马帮运输业发展到高潮与鼎盛时期,运输路线也随之四通八达,盛极一时;当以马帮运输走向衰落时期,运输路线也随之走向衰亡。

秦汉时期,云南社会经济发展水平较内地落后,处于尚待开发的地区。尽管秦汉中央王朝重视与西南边疆地区的交往与联系,但这种交往主要以政治文化交往为主,经济贸易往来为辅。而且,在经济贸易往来中,又是以官方性质的贸易活动为主导,民间贸易活动不发达。在此背景下,云南马帮因内地与边疆地区政治、经济与文化交往需要而产生,但运输路线较为单一而固定,主要以官方修筑的西南丝绸之路为主。

南诏大理国时期,随着南诏、大理国两个地方政权的先后建立,云南社会生产力得到较大发展,社会产品日益丰富,人们的经济文化需求日益增长,商品经济得到快速发展。以此为背景,云南马帮得以初步发展,表现为在保持与内地经济文化交往的基础上,云南省内各地区之间,及与周边省

---

①　王明达,张锡禄.马帮文化[M].昆明:云南人民出版社,1993:53—54.

区、邻国之间的经济文化交流日益频繁。与云南马帮的初步发展相适应,马帮运输路线也得以拓展,形成了以大釐城、铁桥、拓东为中心的贯通云南内外的商贸路线。

元明清时期,云南正式被纳入中央王朝的有效管辖,封建地主经济得以确立,社会生产力得到进一步发展。在注重商贸传统的影响下,云南商品经济日益发达。以此为背景,云南马帮运输业获得了进一步发展,马帮运输及货物日益大众化,货物运输已经通达全国各地。与此相适应,马帮运输路线得到进一步拓展和延伸,在全国范围内建立起驿传交通网"驿站",实现驿运路线的全国网络化与管理规范化。

近代民国时期,随着中国逐步陷入半殖民地半封建社会,云南社会发生重大变化。一方面,由于滇越铁路的开通和蒙自、思茅、腾越商埠口岸的设立,云南对外贸易迅猛发展;另一方面,在国内外商品经济的冲击下,云南自身的自然经济开始走向瓦解。由此,云南马帮运输业获得了超常规发展,各个地区、各个民族纷纷组建马帮从事对外贸易,或为对外贸易服务。与此相适应,马帮运输路线也以对外贸易路线为中心,形成了滇西、滇西北、滇东、滇南四大运输干线。

建国以来,随着云南现代化交通运输事业的建设与发展,马帮运输逐步走向衰落,与此相适应,马帮运输路线也随之走向衰亡。

第五章 云南马帮的社会
经济功能变迁分析

历史上,云南马帮对云南商品经济、特别是民族地区商品经济的发展起着不可替代的作用。如果没有马帮运输,对内就不可能有云南与四川、贵州、西藏、广西等省区的经济、文化往来;对外也不可能有中印、中缅、中泰、中越的经济文化交流。今天,云南马帮已经退出了现代经济生活,但其社会经济功能并未完全丧失,它是云南社会经济非常时期的重要应急方式,也是云南现代少数民族与民族地区经济又好又快发展的重要借鉴。

一、马帮对云南商品经济发展的历史推动作用

(一)马帮与秦汉时期云南商品经济的初步发展

商业的发展有赖于交通的便利,二者的关系不言而喻。在中国古代,商业到了春秋战国时期才开始发展,是因为水陆交通的开发主要是从那时开始的。东周时期,周室衰微,列国之间互相争雄称霸,由此诸侯间会盟频繁,战争不断,交往日益频繁。为了适应这种政治与军事需要,各诸侯国都设置专官主管整治道路桥梁,设置关梁传驿,使各国间的交通四通八达。以通达的交通为基础,各国间的商品贸易开始兴起。到了秦汉时期,统一的中央王朝一方面致力于交通道路的建设,由秦开始整理和修建、汉逐步完善贯通全国的交通网,形成了以关中为中心,由几条干线向四面辐射的全国交通网;另一方面,政府对商业采取放任政策,鼓励商人经营生利。由此,秦汉时期,

商业开始勃兴。①

秦汉时期的云南,尽管处于边疆地区,但与中原及相邻地区的经济文化往来十分密切。秦王朝不仅修筑了"五尺道",还在"西南夷"地区建立直接统治;汉代大力开发"西南夷",贯通了"南夷道"和南方丝绸之路的"灵光道",并在云南推行郡县制,加强内地和云南的经济联系。因此,秦汉时期关中与今四川之间、四川与云南部分地区之间,"栈道千里,无所不通"②,商人们通过贸易往来,把四川及内地的金、银、铜、铁器、弩机及丝织品等商品输入云南,云南输出到四川及内地的主要商品是牲畜和畜产品、筰马、"僰僮"(即奴隶)以及朱提(今昭通、鲁甸一带),堂狼(今东川、会泽一带)生产的铜铣。③

考察秦汉时期云南滇池地区商业的发展,有两点必须明确:(1)秦汉时代的商业,从性质上看,依然是古代型的贩运性商业。④ 这种贩运性商业有两个特点:一是商人们所贩运的是贵重物品或奢侈品,主要供贵族、富人消费。因为当时的交通运输条件毕竟是很有限的,加上人们所需的生活用品一般都是自给自足的,贩运生活必需品成本高。二是商人们进行的是长途贩运,因为当时的贵重物品或奢侈品,不是专指"奇怪"、"珍异"物品,而认为凡不是本地平民百姓自己生产、自己消费的物品,而是由外地、远地或异域贩运来的土特产,一律归入奢侈品之列。(2)秦汉时期在西南丝绸之路上从事贩运活动的主体是马帮,或者说,秦汉时期云南马帮已经出现在西南丝绸之路上。这是因为,在西南地区(特别是云南)特殊的地理条件下,适于从事长途贩运交通工具的只有马帮。这可从史料中得到证实。据《汉书·西域记》记载:"奉献者皆行贾贱人,欲通货市买……驴畜负粮,……行者骑步相持,绳索相引……畜坠,未半抵谷尽糜碎;人坠,势不得相收视,险阻

① 王明达,张锡禄.马帮文化[M].昆明:云南人民出版社,1993:66—67.
② [汉]司马迁.史记·货殖列传[M].卷一百二十九,北京:中华书局,1959:二三六一～二三六二.
③ 胡阳全.云南马帮[M].福州:福建人民出版社,1999:29.
④ 傅筑夫.中国封建社会经济史:二[M].昆明:人民出版社,1982:407.

危害,不可胜言。①"

秦汉时期云南马帮的出现与形成,有力地促进了云南商品经济的初步发展。两汉时期,云南已经出现三个地区商品经济发达,即滇东朱提(今云南曲靖、昭通一带)、滇中滇池地区和滇西永昌(今云南腾冲、保山一带)地区,它们毫无例外都处于"五尺道"、"南夷道"和西南丝绸之路等马帮运输的交通要道上。滇东朱提地区冶金业发达,除上述的铜铣外,银的冶炼也很发达。王莽新朝全国发行的新货币中"银货二品",其中就是"朱提银",且规定其价格为其他地区所产银之一倍半。② 可见,朱提银质量极高。滇中滇池地区,农业、牲畜业和渔业已经比较发达;手工业方面,"滇人"能够制造出漆器、皮革、陶器、青铜器、铁器、金银器、玉石器、皮革、等工艺品,扎染和纺织技艺高超,名气四海。《后汉书·南蛮西南夷列传》中已有关于云南文化的记载:"土地沃美,宜五谷蚕桑。知染采文,……帛叠、兰干细布,织成文章如绫锦。有梧桐木华,绩以为布,幅广五尺……出铜、铁、铅、锡、金、银、光珠、虎魄、水精、琉璃、轲虫、蚌珠、孔雀、犀、象……"③滇西永昌地区,据考古发掘,"在腾冲城里,八里峰山下核园荒塚中,乡人杨姓掘地,发现汉五铢钱,共数千枚。"④可见当时贸易之兴盛。有学者指出,当时张骞出使西域所见之"蜀布",实际就是永昌产的,只是因为由蜀商贩运至西域销售而称为"蜀布"。因为当时永昌地区盛产"桐华布"、"火浣布",而且已经名噪中原。⑤ 由于永昌郡地处西南丝绸之路上的中外贸易枢纽,社会经济发展迅速,成为当时云南一个地域最广、人口最多的大郡。据《后汉书·南蛮西南夷列传》记载,"明帝永平十二年,永昌郡领八县,户五万一千八百九十,

① [汉]班固.汉书·西域传[M].卷九十六上,北京:中华书局,1962:三八八六~三八八六.
② 王明达,张锡禄.马帮文化[M].昆明:云南人民出版社,1993:74.
③ [南朝宋]范晔.后汉书·南蛮西南夷列传[M].卷八十六,北京:中华书局,1965:二八四七.
④ 谢本书.汉代五铢钱在腾冲[A].//谢本书腾冲史话[C].北京:人民出版社,2002:12—13.
⑤ 张波、赛宁.汉晋时期西南丝绸之路上的永昌道[J].云南民族学院学报:哲学社会科学版,1990,(2):

口五十五万三千七百一十一。"①永昌郡的地域范围,大致包括了今云南的普洱、西双版纳、临沧和德宏地区。②

(二)马帮与南诏大理国时期云南商业经济的恢复发展

经历了魏晋南北朝几百年的战乱纷争和经济衰败,唐宋时期全国又进入了一个相对较长的稳定时期,战事大减,国力日渐强盛。随着全国范围内水陆交通的开发及商运马匹的充足供应,马帮运输得以恢复并逐步盛行,内地与边疆民族地区的经济文化交流比以往更加频繁。据《元和郡县图志》记载:"浮梁县……每岁出茶七百万驮税十五余万贯。"浮梁即今江西省景德镇,当时除产瓷器外,以产茶闻名,是当时全国性的茶叶交易市场;而茶叶的交易,是以"驮"为度量单位,可见当时马帮运输已相当盛行。③

地处西南边疆的南诏、大理政权,在唐宋中央王朝的帮助和影响下,统一了云南全境,并通过马帮运输加强、发展与唐宋中央王朝及周边国家的经济文化联系。运输路线方面,形成了以阳苴咩(今云南大理地区)为中心的多条商贸路线,如原"五尺道"贯通阳苴咩线、从四川清溪关至阳苴咩线、安南至阳苴咩线、阳苴咩城至铁桥线、阳苴咩至至广西宜山线、从阳苴咩城经偵南出口东南亚线等。④ 运输货物方面,与秦汉时期以贵重物品为主不同,开始由纯粹贵重物品或奢侈品为主逐步转变为以日常必需品为主。比如,南诏大理政权与唐宋王朝、吐蕃政权之间的茶马互市长期盛行;百姓买卖的物品,也以农林牧副渔产品为主。

在此背景下,地处云南的南诏、大理国地方政权也政局稳定,社会商品经济也获利了恢复和前所未有的发展。这主要表现在:

1. 和唐朝一样,南诏也设立了专门官员管理商业,即《新唐书·南诏

---

①　[南朝宋]范晔.后汉书·南蛮西南夷列传[M].卷八十六,北京:中华书局,1965:二八四七.

②　王文光,等.中国西南民族关系史[M].北京:中国社会科学出版社,2005:115～116.

③　王明达,张锡禄.马帮文化[M].昆明:云南人民出版社,1993:79.

④　王明达,张锡禄.马帮文化[M].昆明:云南人民出版社,1993:38～44.

传》中"禾爽主商贾"①的"禾爽"。与之相适应,大理洱海地区也出现了一批专业从事贸易的商人阶层,史称"河赕贾客"《河赕贾客谣》:"冬时欲归来,高黎贡上雪,秋时欲归来,无那穹赕热。春时欲归来,囊中络赂绝。"②"河赕贾客"是指今下关至喜洲一带唐朝白族先民中的商贾。这首歌谣反映了当年这些商人沿着西南丝绸之路,远到腾冲、芒市一带经商,冬受高黎贡山雪风之寒,夏熬芒市一带的酷热和烟瘴之气,思乡心切。

2.形成了较大的贸易城市,如阳苴咩(今大理)、大釐(今大理喜洲)、拓东(今昆明)、永昌(今保山)、铁桥(今丽江塔城)及银生(今景谷至西双版纳)等。大釐城是南诏境内的贸易中心,铁桥是与吐蕃进行贸易的主要市场,拓东是贵州、广西和安南来往南诏的主要交通枢纽,银生和永昌是对东南亚和其他海外国家进行贸易的重镇③。

3.形成了"三月街"等著名的大集市和遍布各地的小集市。明代大理文人李元阳在《云南通志》中说:"三月十五日在苍山下贸易各省之货。自唐永徽间至今,朝代累更,此市不变。"徐霞客《滇游日记》中对三月街进行了较为详细而生动的记载:"十五日是三月大市街子之始。盖榆城有三月街市之,聚设于西演武场中,其来甚久。自此日开始抵十九日始散,十三省物无不至,滇中诸彝物亦无不至。""俱结棚为市,环错纷纭。其北为马场,千骑交集,数人骑而驰,于中更队,以觇高下蔫。时男女杂沓,交臂不辨"。在集市举行时期间,除了进行商业活动外,还进行各种娱乐活动。除"三月街"外,类似大集市还有"渔潭会"、"松桂会"、"月市街"等。同时,各种集市交换的商品各有侧重,如"三月街"以交换药材、牲畜为大宗;"渔潭会"交换的商品以衣服、鞋子、刺绣品、木料、板材、木器、家具及嫁妆、牲畜为主;"松桂会"是以骡马等牲畜交易为主。另外,日常小集市遍布各地。据《大理县志稿》卷三所记,大理县除三月大市外,还有内市等十三市,有规律地

① [宋]欧阳修,宋祁.新唐书·南诏传[M].卷二百二十二,北京:中华书局,1975:六二六八.
② [唐]樊绰撰,赵吕甫校释.云南志校释·山川江源[M].卷二,北京:中国社会科学出版社,1985:65.
③ 《白族简史》编写组.白族简史[M].昆明:云南人民出版社,1988:90.

按"十二属相"循环交易。①

4. 政府制定和实施鼓励商品生产的政策,手工业发达,商品日益丰富。《新唐书·南诏传》中说,"不徭役,人岁输二斗,一艺者给田,二收乃税。"②对有手艺的人,不仅分给田地,而且不承担徭役,上纳定额的土地税。这对手工业分工和发展商品生产起了很大的促进作用。另外,南诏后期大批俘房四川汉人,攻入成都时"掠子女工技数万引而南",对于发展南诏商品生产也起了重要作用。《云南志》说:"俗不解织绫罗;自太和三年蛮贼寇西川,房掠巧儿及女工非少,如今悉解织绫罗也。"③由此,云南的手工业及手工艺品日益发达。范成大《桂海虞衡志·志器》载大理的甲胄说:"甲身内外悉朱,地间黄黑,漆作百花虫兽之文,如世所用犀器,极工妙。"又载:"云南刀以象皮为鞘,朱之,上亦画犀毗花纹。"《经世大典·叙录》中"诸工匠"条说:"漆匠取之于云南。"沈德符《野获编》中"云南雕漆"条说:"唐中之世,大理国破成都,房百工以去,由是云南漆织诸器,甲于天下。"④

5. 对外贸易通过永昌、银生口岸空前活跃。南诏时期,不仅四川、贵州、广西、西藏等外省商人频繁来往云南从事商业活动,而且安南、缅人、天竺以至波斯、昆仑等国度商人也不远万里来云南经商。大理国时期,仍袭南诏旧制,贸易重地设置府郡和边境重镇,并在马帮运输交通要道上设置里程碑,保护并方便交通与贸易。⑤

总之,尽管南诏大理国时期,云南社会自给自足的自然经济仍然占统治地位,但与内地不同的是,在马帮运输的推动下,商品经济已经相当发达。和志武先生指出,纳西族先民"唐宋时期与吐蕃及南诏、大理的贸易更加频繁,史称博易三千二百口的大羊,在纳西象形文东巴经中,也有'聪本Ⅰ(藏

---

① 杨聪. 大理经济发展史稿[M]. 昆明:云南民族出版社,1986:214—217.
② [宋]欧阳修,宋祁. 新唐书·南诏传[M]. 卷二百二十二,北京:中华书局,1975:六二七○.
③ [唐]樊绰撰,赵吕甫校释. 云南志校释·云南管内物产[M]. 卷七,北京:中国社会科学出版社,1985:259.
④ 王明达,张锡禄. 马帮文化[M]. 昆明:云南人民出版社,1993:82.
⑤ 王明达,张锡禄. 马帮文化[M]. 昆明:云南人民出版社,1993:84.

商)以马帮九弟兄,赶着九十九个驮子来'的记述"。① 又如,《迪庆藏族自治州概况》中介绍说,云南省海拔最高、最北端的城镇(海拔三千四百米)的升平镇,也"自唐宋以来就成为茶马互市和沟通藏汉文化的重要孔道。"②

(三)马帮与元明清时期云南商品经济的繁荣

元明清时期,云南已经成为中央王朝有效管辖的行政区域。为了加强对云南边疆地区的统治,中央政府政治实行"改土归流"政策,经济文化上通过"屯田"、移民、开采矿产加快云南社会经济开发,促使云南与内地之间的人、财、物交流日益频繁与密切。由此,云南与内地及周边地区的交通更加发达,马帮运输队伍得以不断壮大,运输货物和路线开始专业化,云南商品经济得到进一步发展。

1.商业观念开始深入边疆山区、乡村腹地。"改土归流"、"屯田"和移民等措施,打破了土司地盘垄断,通过马帮货物运输使商业观念得以深入乡村、山寨。

2.因明初实行"开中"法而使"商屯"出现并逐步发展起来。当时,盐由国家统管,商人要持"盐引"(即提盐单)方能买卖。为规范盐的交易,国家招募投标,让商人把一定数量的粮食交纳到指定的边地粮仓,以换取官府国营盐场或盐井的"盐引",再去买盐来卖。商人为获取高额利润主,就以少量本钱招募内地贫苦无地农民到边地开荒屯垦,用生产出来的粮食就地交纳军队粮仓,以换取盐引。商屯的结果,使盐商马帮介入盐运,官盐变商盐,促进了云南商品经济发展。

3.以矿冶业的发展为契机,促进了矿冶品的流通与贸易。云南铜的产量,在鸦片战争前,年产量达一千万斤以上,居全国之首。云南银也几乎走遍天下。个旧锡则是在鸦片战争以后成为出口大宗。为开采云南丰富的资源,明清政府命令各省解银到云南承办京铜的款,全国富商大贾及大批矿工

① 丽江文史资料委员会.近代纳西族的历史发展[A].//丽江县政协文史资料委员会.丽江文史资料:第7辑[C].1989:89.

② 齐扎拉.迪庆藏族自治州概况[M].昆明:云南民族出版社,2007:17.

都来云南投资开矿、冶炼、加工金属制品等。在投资开矿、冶炼及矿冶品买卖过程中，云南马帮发挥了不可或缺的重要作用。冶炼所需的矿砂、木炭等，需要马帮运输；众多矿工生活所需的粮食、蔬菜的供应，也需要马帮；矿产品、冶炼品的买卖，同样需要马帮运输。关于马帮在云南矿冶业发展中的作用，徐霞客多有记述。如关于马帮驮运冶炼用炭，他在《滇游日记八》中记述："……至是屡询樵牧，皆言间道稍捷而多歧，中行无人，莫可询问，不若从炉塘道，稍迂而路辟，以炭驮相接，不乏行人也。"又如关于东川铜之马帮运输，他在《滇游日记三》中记述说："从冈上西北转为大径，乃驮马所行者。初交水主人谓余：'有间道自寻甸出交水甚近，但其径多错，乃近日东川驮铜之骑所出。'……同道于山僧，俱云：'山后虽即铜驮道，然路错难行，须仍出鸡头为便'。"①

此外，元明清时期，云南对外贸易继续发展，与老挝、泰国、印度、缅甸、越南等周边国家的经济往来更加频繁。作为桥梁和使者，云南回族马帮功不可没。《云南回族史》是这样来概括元明清之际回族马帮的贡献的："云南的富商大贾通达老挝、泰国、缅甸及印度等外域历史悠久，而省内商贩运载货品贩卖于各府县之间，也普遍雇佣以回族马帮为主的马帮运输。回族马帮正式见于记籍始于明，而盛于清。明代，首先以回族为主的马帮见于文献者，其途程有六……在上述各路驿站中，尤以滇西回族马帮自大理到缅甸一路最为主要。"②但到了十七世纪以来，随着欧洲资本主义列强对云南及周边沿海国家的经济侵略，云南的对外贸易因周边各国走向殖民地化而衰落。方国瑜在《云南用贝作货币的时代及贝的来源》中，论及贝币在云南的兴衰时说："云南通用海贝作为货币的时期，从第九世纪中叶到十七世纪中叶，约有八百年。""云南流通贝币的原因，是由于与沿海各国经济联系而产生的，这种情形起了重大的改变之后，货币流通也起了根本改变。其原因就

① 王明达，张锡禄.马帮文化［M］.昆明：云南人民出版社，1993：86.
② 杨兆钧.云南回族史［M］.昆明：云南人民出版社，1994：66.

是欧洲资本主义对沿海各国经济侵略所造成的。"①

(四)马帮与近代民国时期云南商品经济的进一步发展

鸦片战争以后,中国逐步走向半封建半殖民地社会。在帝国主义的侵略以及封建主义和官僚资本主义的双重压迫与剥削下,云南社会经济遭受严重破坏,发展缓慢。尽管帝国主义垂涎云南丰富的矿产资源,但由于云南山高水险,帝国主义投资者对于云南交通的投资踌躇不前,货物的流通仍然依赖马帮的运输。同时,新兴工商业的发展,洋货的大量输入,农民的破产,都刺激着马帮运输业的继续存在与发展。

总体来看,从鸦片战争后到建国初期,云南马帮不仅没有消失,反而得到不断发展壮大,并逐步走向发展的最高峰。可以说,直到新中国建立前,云南的交通运输还是以人背马驮为主,马帮一直充当着商品运输的骨干力量。一方面,马帮队伍不断壮大,云南各地都有著名的大马帮,如大理的凤仪帮、鹤庆帮、喜洲帮,思茅的思茅帮、景东帮,丽江的丽江帮,红河的蒙化帮、开远帮、石屏帮,曲靖的曲靖帮、宣威帮、会泽帮,等等。这些马帮的规模,少至二三十匹驮马,多至数百匹骡马。同时,各地马帮按照民族、区域、运输货物、运输路线等标准向专业化方向发展。② 另一方面,各地马帮所运输种类和数量比以往大大增加。从 1903 年至 1937 年云南马帮形成的四大干线运输量来看,滇西干线仅出口商品一项就包括川丝、纺丝、条丝、山货药材、铁具、火腿、纸张、粉丝、土布、石磺、茶叶等;在腾越关一个口岸 1912 年的商品出口约一万二千驮,而到 1919 年就猛增到四万一千驮。滇西干线上的茶叶运输专线,每年为沱茶加工就运茶约四千至六千驮;大烟与土特产运输专线,每年在耿马、镇康一带与下关、保山间运货二千至四千驮;下关至西昌百货专线,每年运货约在六千至一万驮之间。其他滇南干线由于滇越铁路的开通,马帮主要承担短途货物运输,往来于玉溪至普洱、思茅间,蒙自至

---

① 方国瑜.云南用贝币作货币的时代及贝的来源[A].//方国瑜.滇史论丛:第一辑[C].上海:上海人民出版社,1982:279.

② 关于云南马帮的类型,在本书第 2 章已有专门论述,在第 3、4 章也有涉及.

广西百色间的运输任务,运输量稍小一些。①

在云南整体社会经济处于凋敝情况下,云南马帮发展走向顶峰,从一个独特侧面推动着云南商品经济的发展。

1.马帮运输的繁荣促进了云南商帮的形成与发展壮大。在马帮货物运输需求繁荣的形势下,很多马帮既从事货物运输,也从事货物买卖,并由此成为商帮。商帮与马帮的关系主要表现为两种情况:一种是大商人直接拥有马帮,通过经营马帮而发财致富。如民国初年下关的董耀廷,就是依靠自己的马帮输出矿产品发财致富的典型。1908 年,他在下关开设商号"洪盛祥",从事中缅间进出口贸易。1920 年,他扩大出口货源,在下关办"洪记石磺公司",开采经营石磺矿。为此,他组织了具有二百匹骡马的马帮队伍,专门雇有"马锅头"和几十名赶马人,将生产的石磺运至八莫,再远销缅甸、印度,从而获取丰厚利润。② 又如舒金和经营的"兴盛和"商号,在 1875 年以前,兴盛和的马帮规模较小,主要在迤西一带经营,从丽江收购药材运往下关、鹤庆销售,又从鹤庆收购纸、酒、火腿及其它土特产品行销下关、丽江;再从下关收购盐巴、日用品、布匹运销鹤庆,最远行销昆明。但到了光绪年间,兴盛和开始在重庆、成都、保山、下关、昆明、丽江、西藏等处设商号。1910 年开始在缅甸瓦城设商号,共有商店十余处,主要从缅甸购进洋纱、洋布、瓦花、大烟和其它洋货,到昆明、下关等行销;从昆明、下关、丽江等地贩运金银、山货药材、火腿、黄丝等货物到缅甸出售。很快,兴盛和的资银已达到四五十万两。

另一种是大商人雇佣或租用马帮。他们需要进行货物短途运输时,往往雇佣或租用临时凑集的马帮,即"逗凑帮"。需要进行货物长途运输时,往往雇佣或租用固定帮。如鹤庆商帮,在 1875 年以前,马帮规模较小而分散,一般以鹤庆为主要活动范围,1875 年以后,在英法等帝国主义势力经济侵略的刺激下,他们积极参与长途商品贸易,除依靠自己的马帮外,在货物

---

① 王明达,张锡禄.马帮文化[M].昆明:云南人民出版社,1993:89.
② 董彦臣.石磺史话[A].//政协云南省委员会文史资料研究会.云南文史资料选辑:第九辑[C].1965:243.

运输繁忙时也大量雇佣中甸、德钦一带的藏族马帮。据统计,仅在 1875 年至 1908 年间,通过经营马帮,鹤庆商帮新起的大商号有日心德、鸿兴昌、宝兴祥、宝天元、文华号、德兴隆、怡和兴、兴盛公、德庆兴、益通祥等十余家。中等商号发展到 20 多家,超过四川、腾冲商帮。①

2. 在马帮运输需求急速扩大的情况下,出现了一批专事经营马帮的大户。民国时期,随着货物运输需求的不断扩大,大理的凤仪、太和、洱滨、仁里邑等村镇及下关都有经营固定马帮的大户。如凤仪的包有才,拥有一百多匹骡马,专雇有"马锅头"和赶马人。又如玉溪后裕乡尹家马帮创业人尹承经、尹承典兄弟,先是开染房染土布谋生。上世纪二十年代初看到经营马帮大有可为,便从染房拿出一部分资金买了几匹骡马,创办起自己的马帮。仅仅四五年的时间,独立经营的尹家马帮就拥有三十余匹骡马,并和县里好几家商号建立了比较稳定的业务关系,成为当时营运在滇西南各县山区的一支较强大的马帮。民国时期,仅专门从事马帮驮运的资本家,仅大理、凤仪一带就有十七八家。② 还有不少"马锅头"或养马户,自己饲养有四五匹、七八匹至几十匹骡马,每到运输旺季,(每年 4 月至 8 月的雨季,云南许多地方瘴气很重,道路泥泞,无法从事运输),全村准备跑运输的人拼伙组成在马帮,有时也和邻近其他村的人拼伙。这样组成的马帮,规模一般可达四五百匹骡马,甚至更多。这些大马帮专门承揽长途大宗运输。同时,还有赶单帮或一两个人凑成的小马帮,主要包揽附近山区、坝区小宗短途运输。

3. 给一部分破产农民提供了就业机会,也吸引了部分农民弃农经商或从事赶马业。这在近代云南回族中表现尤为突出。回族的先民或"回回"大批进入云南是在元、明两代。这些"回回"分散于云南各地,形成了云南各地的回族。与云南其他少数民族不同的是,回族除了务农和从事手工业为生之外,十分热衷于做生意。一方面,由于封建官僚地主阶级的残酷剥削和土地兼并,迫使大批回族农民丧失土地;另一方面,近代云南杜文秀起义失败后,清政府对回族采取赶尽杀绝的血腥政策,很多回民走投无路只好或

---

① 王明达,张锡禄.马帮文化[M].昆明:云南人民出版社,1993:90.
② 王明达,张锡禄.马帮文化[M].昆明:云南人民出版社,1993:91.

自己买骡马从事马帮业,或受雇于别人充当赶马人;第三,回族有经商的传统,一般有"盘田一生,不如做生意一时"的思想观念。因此,云南回族只要养得起几匹骡马的,一般都一边务农,一边赶马搞运输、做生意。

滇南沙甸是著名的马帮驿运之乡。民族学家江应樑教授1949年到沙甸调查,撰写的《滇南沙甸回族农村调查》指出:沙甸村"主要的并不是靠着农田生产,而是凭借经营牛马转运及商贩活动。""沙甸九百余户人家,几乎可以说没有一家是单纯地依靠田地耕种来维持生活的。每户人家差不多都养着几条牛,一二匹马,或替客商转运货物至邻近各地,或把自己种的蔬菜和粮食、鸡、鸭之类,运往个旧去售卖,由此而收益。""马帮驮运货物,每晨天明约四点钟从沙甸起行,到中午十一点便可到个旧。黄昏时可返回沙甸。每匹马运货一驮,运费约大米五十斤,人马的开销只需十斤。""最近十余年来,沙甸人走车里、佛海、南峤一带边区,都成就了辉煌的事业。"①

永平县曲硐回族乡的回民中,有60%以上从事马帮运输及对外贸易,来往于保山、腾冲和缅甸营运和贩售棉花、洋纱、布匹、盐、石磺等。该乡回民罗汉彩,往来于缅甸、泰国、新加坡及南洋群岛一带经商,声望颇高。②

保山的马应才、闪春福、李行兰等回民马帮,最少的有骡马100匹,多的达200至300匹,常年往来于昌宁、镇康、耿马和缅甸之间,从事贩运。③

洱源县土庞村的回民也多活跃于滇缅商路上,据该村《马良臣墓志家谱》记载:该家族中人"专事经商,公富经济,尝出国外谋生,岁仅一归,历暹罗曼谷仰光所属,足迹踏遍省内迤南,迩而各地,无处不越。④"

施甸县西山回族村,民国时全村共62户,几乎每家都有几匹马,全村马帮200-300匹,除一户务农外,每户都有人常年在缅甸做生意。⑤

---

① 江应樑.滇南沙甸回族农村调查[A].//中国少数民族社会历史调查云南省编辑组.云南回族社会历史调查(一)[C].昆明:云南人民出版社,1985:9—10.

② 温眉虎.永平曲硐回族历史调查[A].//中国少数民族社会历史调查云南省编辑组.云南回族社会历史调查(一)[C].昆明:云南人民出版社,1985:39.

③ 杨兆钧.云南回族史[M].昆明:云南民族出版社,1994:356.

④ 马维良.洱源县土庞村回族调查[A].//中国少数民族社会历史调查云南省编辑组.云南回族社会历史调查(三)[C].昆明:云南人民出版社,1986:54.

⑤ 马维良.云南回族的对外贸易[J].回族研究,1992,(2):2.

凤庆县营盘镇的回族,民国时70%的农户都靠马帮到缅泰做生意。[①]

通海县回族聚居区的纳家营、古城、大小回村、下回村,解放前也是著名的马帮"走夷方"之乡,大多数人赶马到缅、泰贸易。他们将通海的河西土布、黄蜡、铁制农具、银饰、日用百货驮到缅、泰等国山区出售,又从该地换回象牙、虎骨、熊胆、鹿茸等山货材,也驮回蓝靛、煤油到昆明销售。他们多是小本经营,加入一二匹或四五匹马经营,也有发展成商号大马帮的。如下回村马政和家就发展成"原信昌"商号。纳家营解放前有骡马300多匹,形成了马、纳二姓大马锅头。[②]

峨山回民也有相当多的人以云南与缅甸等国的贸易为生。该县大白邑村回族青壮年有60%以上都经营外贸。该村清真寺碑记载:"我村之人,贸易远方者甚多。"他们一般是一家养骡马1匹至5匹,村里回民互相邀请,凑集一二百匹骡马,组成一个大马帮,驮土布、毛毡等云南土特产到缅甸、泰国出售;回国时带回虎胶、洋货等物。来来往往,从来间断。文明回族乡则有70%以上人家从事这种贸易,有的人家祖孙三代都是如此。[③]

4. 马帮的迅猛发展,夺去了大批农民靠背运货物谋生的机会。在云南乡村、山区,传统的货物运输方式是人背马驮。近代社会以前,在云南"人背马驮"的运输方式中,人背马驮并重。因云南山多地少,务农收入不足以维持生计,许多人农闲时只好出卖力气为生,靠帮人背货物补贴家用。随着封建地主阶级土地兼并和社会分工的发展,从农业中游离出专门从事为人背货谋生的群体。近代特别是到了民国期间,随着马帮的发展,这种局面变成马驮为主,人背为辅。

董孟雄、郭亚非所著的《近代云南的交通运输与商品经济》说:"马帮运输迅速增长以后,人力背夫日渐减少。以思茅地区为例,旧时人烟稀少,每年清明节前,常有滇东北宣威一带的农民,趁农闲时成群结队进入思茅,到各共茶号充当脚力,承运汇集各坝区到茶号的茶装茶,清明节后便离开思

① 马维良. 云南回族的对外贸易[J]. 回族研究,1992,(2):2.
② 杨兆钧. 云南回族史[M]. 昆明:云南民族出版社,1994:357.
③ 杜娟. 民国时期的云南马帮驿运[D]. 四川大学硕士学位论文,2004:36.

茅。后来由于贸易发展,马帮入思茅数大增,滇东北入思茅的背夫日减,后来因这项运输几乎全被马帮包揽,便再也没有背夫运输的记录了。"①由于人的体力和耐力都不如马,本来只能承担少量、短途运输任务;在人力背夫运价高于马帮驮运价的情况下,商人狠杀人力背运价。因此,近代及民国时期,马帮的发展繁荣,使人力背运货物日益减少,夺去了大批农民靠充当背夫的机会。

5. 马帮进入边远山区和村寨,为当地村民、特别是少数民族群众送去了商品经济观念。在云南,由于地里环境的限制和社会经济发展水平低下,直到新中国建立前,很多居住在边远山区村寨的少数民族还处于典型的自然经济状态,几乎没有商品经济观念,基本上没有市场需求,不需要以货币为媒介的商品交换。对于云南边疆、山区近代的商业落后状况,张家宾在其20世纪30年代发表的调查报告《滇缅北段未定界境内之现状》中说:"茶山、小江、江心坡、求江等处,均无集市。盖其地方辽阔,人户稀少,相距极远,不易设置街集。其生活最简单,多能自给自足。偶有交易,多系外商运货至彼处,复将彼处所有之特产,易而输出,均属以物易物,少有以金钱做买卖者。"这可以说是解放前云南大多数边疆、山区商业状况的赶真实写照。比如,到了20世纪五十年代后期,云南陇川县景颇族聚居的邦瓦乡,经济基本上还处于自然经济状态,基本上没有市场需求,不需要以货币为媒介的商品交换。当地政府试图通过行政手段发动组织群众到当地的公社"赶街",但是来"赶街"的群众带来的货物基本上都是山茅野菜,在当地满山遍野都有,没有交换价值,无法形成交易,结果也不能形成市场。② 处于这种落后状况的根本原因,是当地群众甚至包括土司头人,均未形成商品经济观念。正如李生庄的《云南第一殖边区城内之人种调查》一文中说:"卡佤嗜糖,而不能自制。故汉人多运糖入其境内贸易,又贩其土产而出……(汉人)赚厚

---

① 董孟雄,郭亚非. 近代云南的交通运输与商品经济[J]. 云南社会科学,1990,(1):84.
② 张家宾. 滇缅北段未定界境内之现状[A].//引自王明达,张锡禄. 马帮文化[M]. 昆明:云南人民出版社,1993:96.

利以归。卡佤则不知贸易为何事,不过有无相通而已。"①

　　然而,马帮、商人与边民、山区少数民族进行商品交易,尽管手段简单、落后,常常是以物易物,但在客观上增强了少数民族的商品经济观念与意识,让当地居民知道了哪些土特产、药材等是有价值的,可以拿来换回自己需要的东西,从而促进当地居民有意识地生产自己消费不完或是不需要消费的东西,以作为商品去实现商品交换。张家宾详实而生动地记录了怒江地区上帕由当地政府组织的第一次集市,他作为布置街场的指导所看到的情况:"怒民大多数没有见过赶街,也就没有见过卖货的摆货了。他们背货不断卖,多半不照已定的街条摆设,同一样的货,你的放在我的货前面,或者卖物的人团团错杂地站起来,围住了他们自己卖的货,使做买卖的人,难得进去看货,又或者自己坐在自己卖货的头上。至于拿口袋装着卖的粮食,或别的东西,并不把口袋打开,有的他卖的货,并不和同类的照已定的街条在一处卖,就是东掺杂的一点,西掺杂的一点,使买货的难找⋯⋯他们来赶街,并不带钱来买货。货卖掉了,然后再为买货。那日将货摆好了,一两点钟,并无买卖,大家站着呆望,跟着开街筹备处,才采用避坚攻虚的法子,鼓吹附近的几家汉人,把怒民背来的百多背柴,不到片刻,就卖完了。这时他们拿着一两毫银角到各处看买适当的货物去了。街上的买卖,马上才振作了。"②

　　当然,没有商品观念,不了解市场行情,边民和山区少数民族在这种贸易中很容易受骗。汉族或外来商人会利用不等价交换,对他们进行剥削。比如,在西双版纳,有些商人"竟然用一颗针换取当地老百姓的一只鸡,用一盒火柴换取一头小猪,用一斤盐巴换取十斤茶叶。""南峤县曼勐养有一傣族妇女因服了奸商给她的一副草药,被逼迫拿出一匹鞍架齐备的马。"③

　　帝国主义向中国及云南进行经济侵略后,商人通过马帮把帝国主义的

　　① 刘荣安.云南少数民族商品经济[M].昆明:云南人民出版社,1989:145.
　　② 张家宾.滇缅北段未定界境内之现状[A].//王明达,张锡禄.马帮文化[M].昆明:云南人民出版社,1993:97—98.
　　③ 《西双版纳自治州概况》编写组.西双版纳自治州概况[M].北京:民族出版社,2007:130,167.

廉价机制棉纱、棉布衣棉花大量倾销到云南市场、特别是边疆、山区的村村礼寨寨销售,促进了云南自然经济格局的解体。以大理顺宁县(今凤庆县)为例,本来全县居民耕织结合,农业耕种为主,土布、茶叶等农副产品主要用于自产自销。通过马帮运输,完全改用洋纱纺织后,该县土布产量骤增,年出土布五万件(每件长8公尺,宽3公寸),销路拓展到镇康、耿马、昌宁、云县、临沧等地,半专业化的织户达一万多户。同时,顺宁县茶的商品化程度不断提高,顺宁试种出了著名的"凤山茶",使顺宁逐渐成为云南第二茶区,到民国二十年以后,产量已达年约二百五十万斤,"为出口大宗,全县经济,实利赖之。"马帮运输对自然经济走向解体所起的作用,是对整个云南近代自然经济的作用,只不过交通比较方便的地区所受的催化作用比较大些、早些;交通闭塞的地方所受的催化作用晚些、小些。①

6. 马帮运输引起了相关行业的迅速发展。马帮运输的急速发展,需要大量骡马投入运输。据统计,近代云南四条运输干线上,仅滇西北干线从下关为起点经剑川或鹤庆到丽江这两百公里左右的路段上,每年就有驮马一万二千至一万五千匹运输商品;滇东干线从昆明或曲靖为起点,经昭通至盐津渡至横江下船,每年约有一万至两万匹驮马运输;滇西干线是四条干线中运输量最重的一条线,滇南干线在滇越铁路通车前运量不小,滇越铁路通车后运量减少,这两条干线平均下来,每年也需要近两万匹马投入运输。同时,这四条干线还有密如织网的支线,大量骡马从事短途运输。粗略估算,全年在四条干线及支线上就有七八万匹马投入运输。② 马帮对骡马大规模用马量及巨量的需求,引起与马帮运输相关的行业相继产生并迅速发展。

首先,养马业的迅速兴起。当时,在云南大理、鹤庆、蒙化、石屏、保山、云龙、丽江、鹤庆、永胜、宁蒗、中甸、昭通、鲁甸、寻甸、沙甸等地,都出现了较大规模的牧场,专门饲养良马,以供马帮运输所需。在饲养的良马中,鹤庆马因适应性强、耐粗饲、行动灵活、善走山路,役用性能好,遗传性稳定等优点,在大理地区享有盛誉。据杨聪的《大理经济发展史稿》介绍,大理北

---

① 王明达,张锡禄. 马帮文化[M]. 昆明:云南人民出版社,1993:98—99.
② 王明达,张锡禄. 马帮文化[M]. 昆明:云南人民出版社,1993:100—101.

部的鹤庆等地区,从古至今劳动人民对马的饲养积累了丰富的经验。如《蛮书》记载,把幼马养成分为"一年后纽莎为拢头縻系之、三年内饲养以米清粥汁、四五年稍大、六七年方成就"四个阶段,并分"野放"和"槽枥"两种饲养方式等。① 对繁殖的母马,在配种产驹季节,多加喂米酒、红酒、面水、麻油、鸡、鸽、鱼、虾之类营养品,进行催情,催膘;到临产前不除厩肥,不喂冷水,以防流产。"骡马怀孕,不打不惊,进门莫追,出门莫撵。"在选种选配方面,种马一般要求前胸宽、蹄坚实,毛色好,结构紧凑,即"前夹一筒盐,后夹一文钱。"同时,各部位结构选择特点是:头部应该是头直稍小、清秀;耳微短而尖,眼稍小而有神,嘴稍大;颈部短而稍薄,水平颈,颈肩之间有一定的界线;躯干部耆甲低,背腰短而平直,前胸较窄,胸深而广,肋骨弓张;腹部大小适中,尻部稍斜,后躯发育良好;四肢结实,肌腱发达,后肢呈外孤肢势,蹄大小适中,坚实;毛色选择"一铁青,二枣骝,三银褐,四涂骝。"②据统计,云南马的饲养从1919年的三十万零七千头增加到1941年的四十六万八千零八十一头,增长百分之五十二。③

其次,骡马交易会或骡马集市。骡马养成后,需要通过市场形式交换给马帮使用。在云南各地都有固定的骡马交易市场,每年都有骡马交易会。比较著名的有大理三月街、丽江骡马会、鹤庆松桂骡马会、剑川骡马交易会。在这些骡马交流会上,骡马及马帮用具通常列为交易大宗。大理三月街几天街期内每次约有五百到八百匹骡马成交,最大成交数可达一千匹以上;每年农历八月的丽江、鹤庆剑川骡马会成交数也在七八百匹左右。同时,这些骡马交流会时间相互错开,比如大理三月街通常在每年农历三月份,而剑川、鹤庆、丽江的骡马会则通常在农历的八月份,这样可使马帮在半年内对役用骡马进行一次大的增补、更换。④

第三,马帮服务业。马帮运输、特别是长途运输过程中,需要提供各种

① [唐]樊绰撰,赵吕甫校释.云南志校释·云南管内物产[M].卷七,北京:中国社会科学出版社,1985:276.

② 杨聪.大理经济发展史稿[M].昆明:云南民族出版社,1986:86—87.

③ 王明达,张锡禄.马帮文化[M].昆明:云南人民出版社,1993:101.

④ 杨毓才.云南各民族经济发展史[M].昆明:云南民族出版社,1989:48.

相关服务。比较典型的服务业有:马栈业、马鞍马具制造业、马兽医、马掌匠等。

马栈业。马帮在野外露宿的情况并不多(习惯于野外露宿的藏族马帮是个例外),因为在野外露宿,一是不便防御土匪、盗贼抢劫,不便防御野兽侵袭,没有安全感;二是不便添购路上所需的菜、粮,不便给骡马添购饲料;三是不便与商户交接生意;四是夜晚娱乐内容少,生活枯燥;五是吃、住不好,休息不好。由此,马帮运输路线上的小站大镇,都涌现了大量马栈马店,为马帮提供各种方便与服务。如民国时期从鹤庆到下关的路上,仅鹤庆路段范围内,松桂有阿叔媪店、吴家店、七二媪店;北街有孙家店、母家店;坡脚有钟老大店、钟老二店。下关是交通枢纽,马栈马店云集,以接待来自省内外、国内外的马帮队伍住宿和寄存货驮。马店既可以接待住宿,也可以寄存货驮,还负责为货主推销,货主凭清单,即可结算,手续简便。当时大理源庆昌、福庆店、永昌祥、洪盛祥等大商号本身也开设马店,规模较大。如福庆店设在西大街口的马店,可容纳四五百匹骡马的马帮食宿;洪盛祥商号设在西大街的马店,也可容纳四五百匹骡马的马帮食宿;源庆昌设在正兴街的马店,可供三四百匹骡马的马帮食宿。①

又如通往越南口岸蒙自为例,据蒙自海关1896年的统计,由蒙自到蛮耗的路上,有八万七千匹骡马通过;蒙自开关后,每天约有五千多驮货物进蒙自城。没有能容纳几千人的马栈业,能适应那种形势的需要吗?难怪通往蒙自的通海镇就有大小客马栈二十余家,除大桥客栈外,南城外四个较大的客马栈,可容纳骡马二百多匹,全镇可容纳近千匹驮马。②

马鞍马具制造业。马鞍业主要是制作皮马鞍和木鞍架。皮马鞍供骑乘之用,木鞍架供驮运之用。其它马具制作还包括马笼头、皮带、架绳、攀胸、胯皮、皮条、秋帮带等皮件,以及铁器马掌、马钉、马镫,"头骡"、"二骡"笼头

① 王应鹏.民国时期大理、凤仪的马帮[A].//政协云南省委员会文史资料委员会.云南文史资料选辑:第四十二辑[C].昆明:云南人民出版社,1993:309.
② 张家录.看马配鞍[A].//通海县政协文史资料委员会.通海文史资料:第三辑[C].1988:55.

上的银铜饰品和彩球,光镜、旗帜等物件。这些手工艺品,尽管门类繁多,但都有专门的手工艺者制作。如清末民国时期,由于地处从昆明往滇南、往广西、往越南的交通路口,通海县的木器马鞍马具业相当发达。纳家营回民本来就善于制作皮革和皮革制品;后来汉族中部分农民也跟着学会制革和皮件加工技术,如杨广乡的岳家营、古城、九乡街的碧溪等。到民国初年,岳家营的制革户二户迁入县城太和街后,雇工二十余人,开设作坊,从事土法制革生产。①

当时最流行的一句话是通海木工能"看马配鞍"。光绪年间,陈兴德、周家应连续三代人开设马鞍铺,林家起连续两代人开设马鞍铺;民国初年,李绍来、李绍顺等人开设马鞍铺,兴起于民国初年。"他们选料认真,以红、白栗树为马鞍架材料,以冬瓜树、椿树、核桃树和青皮树为马鞍板材料;工具齐全,备有斧、锯和专用的刨、铲、锛。他们象裁剪式那样量体裁衣,运用平时积累的经验,按照骡马的体形精心设计出近十块比量马背生产马鞍的画版模具;各家铺门外有可栓二至五匹骡马的马柱,以备赶马人来配鞍时拴马。赶马人把马拉到铺子门前时,铺面主人立即会出门迎接,并将马绳拴妥于马桩上,尔后取出马鞍画版模具比量马背体形。铺面主人对需要配鞍的骡马观察相当仔细,通常边看边画,如马背上生疮如何避开、马背上某部位突起如何将马鞍内层刻凹下去,以减轻其承受压力等。一切情况看清后做上标记,以高超的手艺,熟练的操作,用特别的弯形木,经过扁铲修、整、锛、铲,最后安装上驮架,当天交售给客户,做好的马鞍总是不长不短,不高不矮,不宽不窄,受压均匀平稳,让客户感到满意。"②据当事人回忆,"1945年通海镇开设的六个马鞍铺有工人二十余人,年生产出售马鞍六千余个,当天看马配鞍及时交货数占三分之一。到通海马鞍铺配鞍者有思茅、普洱、建

---

① 张家录.看马配鞍[A].//通海县政协文史资料委员会.通海文史资料:第三辑[C].1988:56.

② 张家录.看马配鞍[A].//通海县政协文史资料委员会.通海文史资料:第三辑[C].1988:55~56.

水、蒙自、石屏、宜良、峨山、新平、华宁等地及本县的马帮队。"①

此外,大理县的马鞍马具业也非常发达。该县民国初年就有皮马鞍制作业二十余家,木鞍架制作业五十余家。②

当时,为方便马帮骡马运输的顺利进行,马兽医、马掌匠云南全省各地都有,他们可以随时随地方便及时地为骡马提供诊治和钉马掌服务。

7. 随着马帮运输的发展,一些交通枢纽迅速发展成为繁华的城镇。从云南城镇发展的历史看,各族人民在经济上的交往,多是通过商品交换来实现的,而这种商品交换又主要是与马帮活动相伴而生的。因此,马帮是云南繁华城镇兴起的经济基础和主要原因之一。

比如大理所属的下关镇,是近代云南马帮在滇西的转口站。1723 年以前,下关的商品贸易活动主要通过马帮在农村集市上进行。1845 年前后,由于往返川、藏的马帮必经下关,使下关的商业区逐渐走向兴盛。昆明、临安(今云南建水)、鹤庆、腾冲等地商人,开始陆续到下关定居,开设堆店和商号。1850 年至 1851 年,下关有堆店 8 家,商号 30 余家。随着马帮运输活动的发展,1861 年至 1874 年,仅大商号就发展到 40 余家。每天驮运丝、棉花、茶叶、石磺及其他土特产品进出下关的马帮,多达千余驮。1885 年中法战争后,蒙自、思茅、腾冲相继开埠,洋货大量涌入,由马帮驮经下关后运销各地。比如,缅甸进口的洋货,由马帮驮经腾越到下关,然后转销到滇西北和昆明;由四川运来的黄丝、滇西北收购的土特产和药材,由马帮驮到下关后经腾越出口;从思茅进口销往滇西北的各种洋货,要由马帮驮至下关后转运;运往四川会理、嘉定等地的茶叶、药材、皮毛和其他土特产品,同样要在下关中转。由此,下关成为各地马帮驮运的进出口货物的中转站,商业活动得到不断发展壮大,大商号由 1874 年的 40 余家发展到 80 余家,到清末增至 180 家左右,下关逐步成为滇西白族、回族、彝族、汉族等各民族聚居的

① 张家录.看马配鞍[A].//通海县政协文史资料委员会.通海文史资料:第三辑[C].1988:57.

② 王明达,张锡禄.马帮文化[M].昆明:云南人民出版社,1993:106.

繁华商业重镇。[①]

又如丽江大研镇,是元、明以来形成的滇西北政治、经济和文化中心,也是纳西族历史文化发展中心。近代以来,大研镇成为一个重要的商品集散地。从昆明、下关、保山来的马帮要通过这里,转而进西藏,进四川木里、康定,进怒江、迪庆各县;而从这几条路线返回的马帮,也要通过这里进入云南腹地。因此,随着近代马帮运输业的繁荣,大研镇的经济面貌也日新月异。到了抗日战争中后期,国内许多地区沦陷,沿海对外贸易中断,云南邻国越南、缅甸亦被日寇侵占,通过丽江进西藏再到印度的贸易路线突然得到空前发展,丽江的商业也随之达到鼎盛。藏商以及运输马帮,由外地来丽江购买商品的,设商号的,纷至沓来。当时比较著名的商号,有大理喜洲商帮"永昌祥"、"鸿兴元"、"复顺和"、"复春和",腾冲商帮"茂恒"、"协树昌",藏族商帮"铸记",鹤庆商帮"恒盛公"、"长兴昌"、"解省三"、昆明"新兴",顺宁"赵氏"等,省外也有北京、江西、山东、湖南、四川人在丽江设立商号。当时大研镇银行达到九家,即中国、中央、交通、农民、富滇、兴文、益华、矿产、合作金库。同时,本地纳西族的商号和生意人也急剧增加。他们走藏区,跑印度,充当先锋。从清末以来,纳西族到藏区从事贸易的商号约有三十多家;到抗战时期,迅速发展到一千二百多家。其中拥有资本一二百万的民族资本家,就有十家左右;来往于丽江、西藏、印度的马帮约达到二万五千匹。大研镇北阿迎昌村成为当时专门接待藏族马帮的村落,不少纳西族"马锅头"、赶马人及"小伙计"(商号帮工)以穿藏族服装和说藏族话为荣耀。总之,"当时丽江经济,仅次于昆明。"[②]

又如思茅,是在1887年辟为对外开放的商埠后出现繁盛时期的。当时,有三路人到思茅经商:一是滇西北的维西、中甸、德钦的藏族,赶着骡马,载运土杂货品来思茅行销,并买卖牲口。一年冬春两季,约来牲口四千余匹,回程运茶叶进藏销售;二是迤西的祥云、镇南(今南华县)、蒙化(今巍山)、景东等县的马帮,一年约来三千匹骡马,从当地驮运商品到思茅销售

---

① 胡阳全.云南马帮[M].福州:福建人民出版社,1999:97.
② 胡阳全.云南马帮[M].福州:福建人民出版社,1999:107.

后,购回茶叶、棉花等;三是迤南的玉溪、通海、蒙自、建水、石屏、元江等地马帮,由当地及昆明购买云南省各地的土特产到思茅销售,再驮运花茶到昆明销售。[①]

此外,前述通海、保山、蒙自、普洱、通海、峨山、鹤庆、永胜、中甸、腾冲、昭通、鲁甸、寻甸、沙甸等城镇的兴起及繁华,也都是城镇随马帮运输的发展而兴起繁荣的典型例子。

二、马帮对云南对外经济交往的历史贡献

由于云南地处西南边疆,与东南亚、南亚多个国家陆地接壤,边界线长达 3270 公里[②],加上很多少数民族跨境而居,因而云南马帮的运输活动,不仅包含省内、国内货物的运输,还包括大量外贸货物的运输。文献资料记载显示,历史上云南马帮的足迹遍布东南亚、南亚主要国家,如越南、缅甸、老挝、泰国、印度、柬埔寨等。其中,云南马帮参与的滇缅贸易、滇泰贸易、滇印贸易较为突出、频繁,历史悠久。[③]

(一)云南马帮与滇缅贸易

中国和缅甸的经济交流源远流长,历史悠久。早在秦汉时期,"西南夷"就已有了古商道"蜀身毒道"[④]。据中、印文献记载推测,这条商道早在

---

① 胡阳全. 云南马帮[M]. 福州:福建人民出版社,1999:108.

② 中共云南省委政策研究室. 云南省情:1949—1984[M]. 昆明:云南人民出版社,1986:4.

③ 在本书中,我们重点考察近代民国以前云南马帮参与云南对外贸易的情况及其重要贡献,至于近代民国时期云南马帮参与的对外贸易活动及其贡献,有许多学者做了专门深入的研究,在此不同赘述.有兴趣了解的读者可参考:董孟雄,郭亚非. 云南地区对外贸易史[M]. 昆明:云南人民出版社,1998;吴兴南. 云南对外贸易史[M]. 昆明:云南大学出版社,2002.

④ 蜀身毒道,自四川成都、青衣(今四川雅安)、邛都(今四川西昌),经叶榆(今云南大理)、永昌(今保山),由腾越(今腾冲)进入缅甸北部,然后到达印度东北部的阿萨姆,再经中亚至欧洲。有学者认为,蜀身毒道就是秦汉时期的西南丝绸之路。我们认为,蜀身毒道是西南丝绸之路最重要的部分,但西南丝绸之路还应包括"蜀安南道"(从四川通往越南北部的道路)、"安南通天竺道"(从越南通往云南、缅甸、印度等地的道路)、"茶马古道"(从云南经西藏到印度、尼泊尔等地的道路)等所有当时中国西南对外交往的通道。

公元前 4 世纪或更早时期就已存在了,它是蜀地商贾和西南夷的先民驱赶着驮销缅甸、印度的丝绸等商品的骡马走出来的。这些丝绸驮运到缅甸后,再从海上转运到大秦(罗马)。当时由北方丝绸之路运到大秦的丝绸,不仅路线迂回较长,而且还经中间商多次转卖,售价昂贵。而由云南经缅甸出海的路线不仅便捷,还避免了许多中间商从中渔利,运费也比前者低,这就大大降低了丝绸在罗马的售价,并扩大了其使用范围。公元 380 年,罗马作家阿·马塞林说:"从前仅仅贵族能穿着的丝绸,此时已推广到各个阶层,甚至最底层的人也穿着了。"由此可见云南马帮的重要性。[①] 他们将丝绸驮运到缅甸后,又从缅甸驮回光珠(宝石)、虎魄(琥珀)、蚌珠(珍珠)、翡翠等商品。

唐宋时期,云南地方政权南诏、大理与骠国(即今缅甸)的交往密切,贸易更加频繁。两国交界处的悉利移城和南诏的银生城(今云南景东、景谷附近)、河赕(今大理附近)成为双方重要的交易场所之一。如《蛮书·云南城镇》中记载:银生城"东至江川,南至邛鹅川,又南至林记川,又东南至大银孔。又南有婆罗门、波斯、勃泥、昆仑数种。外通贸易之处,多诸珍宝,以黄金、麝香为贵货。[②]"在南诏、大理国与缅甸贸易中,通过马帮由缅甸驮入中国的商品主要有毛毡、琥珀、玉石、翡翠、江猪、珍珠、海贝等;驮出的商品主要有丝绸、金银、刀剑、铜制品、食盐、雄黄、麝香、青木香等手工业品和土特产。[③] 当时,云南马帮从洱海地区出发,驱赶着驮着货物的骡马,迎着风雪爬上高黎贡山,又弯弯曲曲地走下山麓,到今天的缅甸及云南与缅甸交界的芒市、畹町一带。史料记载,此路与天竺至近,但险阻难行:盛夏热瘴毒虫,秋多风水泛,冬积雪寒阻,是一段艰苦异常的历程。据、明正德《云南志》卷一三《金齿军民指挥使司·山川》记载:"高黎贡山本名昆仑岗,夷语讹也。在永昌西腾冲东。蒙氏时异牟寻封为西狱。东临西穹甸江,即今潞西也。

---

①　胡阳全.云南马帮[M].福州:福建人民出版社,1999:43.

②　[唐]樊绰撰,赵吕甫校释.云南志校释·云南城镇[M].卷六,北京:中国社会科学出版社,1985:239.

③　《白族简史》编写组.白族简史[M].昆明:云南人民出版社,1988:101—012.

有瘴毒,夏秋不可行。西即麓川江。以麻索为桥。山上下各五十七里。山顶天霁时见吐蕃雪山。马行者自晨至午才到山顶,炊憩而下,徒步止宿于上。"①

元朝时期,云南与缅甸的经济交往更加频繁,而且形式多样。元世祖忽必烈至元九年(公元 1272 年)曾遣使臣向缅甸征贡。至元十九年(1282年),元在云南边境设置了"金齿"和"邦牙"宣慰司,同时派人恢复商道,在沿途设立驿站。后来,元政府又在德宏边境实行军商屯政策,中缅边境的贸易随之发展。通过马帮,元代云南对缅甸的出口货物,以丝绸、金银为主,从缅甸进口的商品主要有象牙、犀角、翡翠、光珠、海贝、玉石。其中,玉石的增加显著。原因主要是 13 世纪时,缅甸从中国聘了大批开采玉石的工匠,他们带了采玉技术,替代了当地传统土法开采技术。据史料记载,当时因云南人在缅北地区直接从事玉石开采,使其产量一年内达千担左右。同时,据《马可波罗行记》和《百夷传》的记载,当时两国的商品交换形式逐步由以牛马等家畜为等价物的物物交换,发展为以使用海贝和金银为媒介的货币交换②。

明代,滇缅经济交往仍然非常密切,即使在战火频频的硝烟中,仍有马帮及商人冒着生命危险,往来于滇池缅两地从事贸易活动。明朝时期缅甸出口到中国的主要货物是宝石。宝石价格昂贵,贩运宝石获利丰厚,很多商帮前往缅甸开采宝石和经营宝石贸易。据《滇略》中《永昌府名产》和《风俗》条记载:云南商人从数千里以外的孟密、勐养等地把紫英、云母、水晶、绿玉、古喇锦、西洋布、孩儿茶等贩到云南,销路非常好,"辐辏转贩,不胫而走四方"。当时云南在缅甸经营宝石的商家已达一百多家,开采宝石年产量约千万担左右。明政府还专门派人专门负责从事缅甸宝石的采购和加工,云南的腾越由此成为缅甸宝石加工外销的重地。中国及云南运往缅甸的商品,仍以丝绸、生丝为大宗。丝绸不仅成为缅甸各阶层人士的重要衣料,缅

① [唐]樊绰撰,赵吕甫校释.云南志校释·云南城镇[M].卷六,北京:中国社会科学出版社,1985:239.

② 董孟雄,郭亚非.云南地区对外贸易史[M].昆明:云南人民出版社,1998:13.

甸国王更是经常把它作为外交礼物转赠给外国客人。此外,当时在缅华人数量大增①,他们把丝绸技术传播开来,促进了缅甸丝织业的发展,使输缅的生丝量增加,最多时曾达一年 2 万担。② 此外,一些关系人民生活的日用品交易也日趋增加。例如铜铁打制的剪刀、针锥、铜锣、铁锅等手工产品,民间手工制作的土布、纸、毡、土碗、麻线、爆竹、斗笠、滇茶、核桃等土特产品,都成为滇缅商帮经营的项目。在与云南接壤的缅北地区,还出现了日趋繁盛的以缅棉交换滇盐的贸易。为了便于管理,明政府在昆明设"缅学馆"专门负责对外经济交往事务和接待缅甸来使和商帮。

清代早期,随着云南马帮的大发展,进出口商品的规模进一步扩大,并由此成为滇缅经济交往最繁盛的时期。当时每年约有一万余匹骡马往来于云南和缅甸之间,从云南腾冲到缅甸的八莫,商道上人背马驮热闹异常。云南商帮从缅甸输入的货物,主要是棉花和玉石。此外还有海盐、燕窝、鹿茸、象牙、羽毛、生漆、槟榔、琥珀、药材等商品。从云南输往缅甸的则有铜、铜器、铁锅、水银、熟丝、绸缎、纸张、麻线、雨伞、茶、干果、蜜钱、烈酒、砒霜、蜜蜂、药材等。互贸商品的增多和以人民日常经济生活物品为主,表明这时的经济交往已发展成为关系到人民生产和生活的交易活动了。正如史料所记载,"19 世纪 70 年代因大理杜文秀起义,商路受阻,商人停止收购棉花,致使缅甸大量棉田荒废,而黔川滇所需纺纱用棉也告短缺。③"随着马帮足迹的延伸,这时云南至缅甸的马帮线路已发展成许多条,主要有:由通海经玉溪、峨山、元江、墨江、普洱、思茅、景洪至打洛,然后过江到缅甸景栋;由峨山经坡脚、杨武、青龙、元江、墨江、通关到缅甸;从楚雄经大理、保山、腾冲进缅甸;由昌宁经顺宁、镇康、耿马到缅甸;由大理、保山、腾冲、瑞丽、耿马进缅甸;由施甸经昌宁、顺宁、云县、耿马进缅甸;由永宁经丽江、大理、保山、腾冲进缅甸等。据史料记载,1826 年由缅甸输入云南的棉花达 1240 万磅,折合

---

① 据华侨作家黄绰卿先生考证:"华侨自陆路移殖缅甸而定居下来,当系自元代开始。元代居住缅甸已有汉人和来自中国维吾尔族和回族。"参见黄绰卿.黄绰卿诗文选[M].北京:中国华侨出版公司,1990:325.

② 董孟雄,郭亚非.云南地区对外贸易史[M].昆明:云南人民出版社,1998:15.

③ 董孟雄,郭亚非.云南地区对外贸易史[M].昆明:云南人民出版社,1998:18.

5880 吨,价值 22.8 万英镑。又据克劳福德估计:1827 年缅甸从中国进口的丝绸价值为 8.1 万英镑,中国从缅甸进口的棉花价值约 22.2 万英镑。由此至 19 世纪 30 年代,从缅甸输入云南的棉花已增至约 300 万磅到 400 万磅之间[①]。

(二)云南马帮与滇印贸易

历史上中印经济交往频繁,涉及到许多方面,但其中最早的还是中、印的丝绸贸易。关于中国丝运印度的情况,许多论述中印古代关系史的论著中都有叙述。印度史籍最早提及中国丝的是侨胝厘耶的《治国安邦术》(旧译《政事论》)。该书说"侨奢耶和产生在脂那的成捆的丝"。脂那(或支那)是印度和西方国家古时称呼中国的,说明印度丝来自中国。蜀地是中国养蚕最早的地区之一,其"蜀绸"在汉代已名闻天下。因此,印度史籍记载的"脂那的成捆的丝",可以认为是"蜀丝",是由当时的赶马人沿着"蜀身毒道"将其驮运到印度的。[②] 此外,通过"蜀身毒道"驮运进印度的货物还有蜀布、邛竹杖、铜器、漆器等富有特色的地方工艺产品。如蜀布,是古代蜀地生产的麻布,是一种较为昂贵的商品,制成衣服穿着凉爽,适于印度等热带地区;邛竹杖也是四川特产,特点是高九节,用来制成手杖,美观大方,年老人扶之,步履轻盈,是拐杖中的珍品。由于蜀布、邛竹杖在印度属于稀有物品,价值昂贵,特别引起印度中上层人士的喜爱,而云南马帮也不畏路途的艰辛和危险,将其驮运到印度销售,获利极其丰厚[③]。

长期的经济交往中,印度的某些特产也由马帮通过西南丝绸之路运至中国西南地区。由马帮从印度驮入云南的有琉璃、宝石、贝和珍珠等物品。云南江川李家山第一期墓葬出土的琉璃珠、玛瑙肉红蚀髓珠等,就是来自印度和西亚。云南古代不能生产琉璃,而印度早就有之。《后汉书·哀牢传》记载:永昌郡"出铜、铁、铅、锡、金、银、光珠、琥珀、水精、琉璃、轲虫、蚌珠、

---

① 郭来喜. 论南方陆上丝绸之路重振与德宏口岸开放[J]. 德宏经济,1990,(1—3):14.
② 胡阳全. 云南马帮[M]. 福州:福建人民出版社,1999:45.
③ 胡阳全. 云南马帮[M]. 福州:福建人民出版社,1999:46.

孔雀、翡翠、象、猩猩……"。① 这些物产中,如光珠、琥珀、蚌珠(珍珠)、翡翠、琉璃、轲虫(贝),永昌不出产,多来自印度和缅甸。云南不产贝,但长期使用贝作为货币,或装饰品,数量相当可观,仅 1956 年从昆明晋宁石寨山发掘的西汉滇王墓葬中出土的贝,就达 10 万枚。这些贝部分来自中国东南沿海,但主要来源之一是周边国家,特别是印度和缅甸。特别是"环贝",就是由马帮由西南丝绸之路输入云南的。另外,与云南长期以贝为货币一样,古代阿萨姆(今印度阿萨姆邦)也有使用贝作为货币的习惯。中世纪早期,在阿萨姆,贝大量用于交易。这很值得深入探讨。②

　　滇印之间的贸易,云南马帮主要通过西南丝绸之路中主体部分的"蜀身毒道"进行的。《新唐书·地理志》对从大理经缅甸至印度的马帮路线及其里程进行了详细记载:"自羊苴咩城(今大理)西至永昌(今保山)故郡三百里。又西渡怒江至诸葛亮城(今龙陵境内)二百里。又南至乐城(今瑞丽)二百里。又入骠国(今缅甸)境,经万公(古太公城)等八部落,至悉利城七百里又经突景城至骠国千里。又自骠国西渡黑山至天竺迦摩波国(今印度曼怪普尔)千六百里。又西北渡迦罗都河至奔那檀那国(今布拉马普特河中下游)六百里。又西南至中天竺国东境恒河南岸羯朱温罗国(今孟加拉国)四百里。又西至摩羯陀国六百里。一路自诸葛亮城西去腾充城二百里。又西至弥城百里,又西过山二百里至丽水城(今缅甸伊洛瓦底江东岸条打罗)。乃西渡丽水、龙泉水,二百里至安西城(今缅甸孟拱)。乃西渡弥诺江水(今钦敦江)千里至大秦婆罗门国(今印度阿萨姆东北)。又西渡大岭三百里至东天竺界固没卢国。又西南千二百里至中天竺国东北境之奔那伐檀那国,与骠国往婆罗门路合。"③这表明:马帮从羊苴咩城经永昌至诸葛亮城分途:南线经瑞丽至缅甸掸邦,又经太公城等,然后过曼尼普尔、阿萨姆的布拉马普特河谷至印度平原,共计 4267 公里;北线经腾冲、盏西至伊洛瓦底江,又经缅甸孟拱,越那加山脉至印度阿萨姆东北,又沿布拉马普特拉河中

　　① 胡阳全.云南马帮[M].福州:福建人民出版社,1999:46.
　　② 胡阳全.云南马帮[M].福州:福建人民出版社,1999:46—47.
　　③ [宋]欧阳修,宋祁.新唐书·地理志[M].卷四十三下,北京:中华书局,1975:一一五二.

下游往印度,共计 3800 多公里。

从史料来看,直到元代以前,马帮通过这些商路驮销印度的主要是丝和一些手工艺品,而驮回的则主要有珍珠、玉石、犀角、象牙和金银等。

明代开始,据马欢所著《瀛涯胜览》记载:"国人亦将蚕丝练染各色,织间道花手巾,阔四五尺,长一丈二三尺,每条卖金钱一百个。"[①]这说明,至少从明代起由马帮输入印度的不只是丝织品了,而且还有生丝。生丝驮运到印度后再加工,印度的人民就把中国的丝染色加工织成花手巾。

另外,云南马帮还从滇西北经西藏到印度,或由云南经四川、西藏达印度。马帮所驮往印度的货物,除上述提到的外,还有茶叶、瓷器。

物资的交流必然伴随着文化的交流。云南马帮的货物运输活动,不仅仅为中国和印度驮运了各自所需的商品货物,而且驮运了各自的优秀文化,丰富和发展了两国的传统民族文化。比如,1969 年至 1971 年在印度阿萨姆邦高哈蒂文化遗址中,出土了大量的雕刻品、古砖和瓷器(考证为公元 7 世纪至 13 世纪文物)。瓷器是用高岭土制作的,具有独特的式样,且制作精致,器皿没有任何涂釉和着色,主要形制包括球形的敞口短颈罐子、平底酒杯等。由于使用高岭土制作瓷器是瓷器的特色,中国通常是用这种粘土来制作瓷器和赤陶艺术品的。因而,这些瓷器有可能是由云南马帮传入的。并且从其敞口和短颈罐子的式样来看,这些瓷器也类似于中国西南一带习惯使用的瓷器。同样,印度的佛教文化和其他文化习俗也通过马帮传入云南和内地。

(三)云南马帮与滇泰贸易

历史上,云南与泰国之间的交通贸易主要是通过西南丝绸之路进行的。据史料记载,到了南诏大理国时期,云南与泰国之间的古道已经开通,泰国南部通过海路与中国南方各省贸易往来,北部内陆地区则通过陆路与中国云南贸易。如张道宗的《记古滇说》载:"唐玄宗开元十五年(公元 727 年)

---

① 胡阳全.云南马帮[M].福州:福建人民出版社,1999:48.

也,五诏既平服,唐册王为特进云南王越国公,开府仪同三司。自唐进封之后,永昌诸郡、缅、暹罗、大秦,此皆西通之国;交趾、八百、真腊、占城、挝国,此皆南通之国,俱以奇珍金宝、盐、锦、毡布、巴贝岁进于王不缺,于是国渐有昌也。"①又如道光年间的《云南通志稿》卷107记载,由今西双版纳勐腊、景洪两县南部边境,有两条陆路交通线在北部会合,然后经景迈、南奔等地,再沿湄公河南下,直抵泰国首都曼谷。②

到了云南大理国后期,在其南部边境出现了八百媳妇国(今泰国的一个古代王国),也即兰那王国,其国土与大理的勐泐(今云南西双版纳)"犬牙相错",双方交往相当频繁。据傣文文献《泐史》记载,在兰那建国之前的1237年,勐泐的第三世如片领陶陇建仔将其公主钪错嫁给了兰那前身清盛恩央国君王老明;两年后,钪错生下太子芒莱,芒莱长大继位后,于1292年建立了兰那国。关于从云南通往兰那即八百媳妇国的商路,中国古代文献中有一些记载,另外,在云南思茅地区澜沧江边的摩崖石刻上也可以找到佐证。③

元朝政权建立后,十分重视与泰国境内各古国之间的贸易往来。1296年,元朝政府在今云南西双版纳地区设置了车里军民总管府,与八百媳妇国的关系更为密切。1310年,为了安定边境,发展云南边境地区的生产和贸易,元朝政府派云南行省右丞算只儿威出使清迈进行友好访问,强化两国间的和睦关系,此后两国间使者来往不断,贸易交流更加频繁。应八百媳妇国的要求,元朝先后于1327年、1331年在今泰国北部清盛、清迈设置了蒙庆宣慰司、八百宣慰司,在今云南西双版纳与泰国清盛、清迈之间设置了驿站,从而大大便利双方贸易往来。④

元末明清以来,回族马帮逐渐成为滇泰贸易的重要商帮。云南河西、玉溪、峨山一带的回族,传统依靠赶马帮从事长途货物运输及商品贸易为生。

① 申旭.中国西南对外关系史研究:以西南丝绸之路为中心[M].云南美术出版社,1994:159.
② 吴兴南.云南对外贸易史[M].昆明:云南大学出版社,2002:77.
③ 申旭.中国西南对外关系史研究:以西南丝绸之路为中心[M].云南美术出版社,1994:160.
④ 申旭.中国西南对外关系史研究:以西南丝绸之路为中心[M].云南美术出版社,1994:161.

这种生意当时叫走"夷方"①。明末到达东南亚地区的西方人士已零星记载了云南回族马帮商人进入缅甸、泰国的经商活动情况。当时旅居东南亚的英国商人费奇氏在其《1583 年至 1591 年旅行记》中记载说："景迈（清迈）城中,滇籍华商甚众,所售货物,有麝香、金、银等中国商品。"清代以后,云南与东南亚的贸易进一步发展。云南回族穆斯林由于天生所具有的善于经营、吃苦耐劳和敢于冒险的精神,他们几乎垄断了云南与东南亚北部各国之间的马帮商业贸易。伴随着马帮商贸活动,开始出现少量的迁居东南亚缅甸、泰国的回族移民。这些回族马帮商人的移居,成为了今天定居在缅甸、泰国云南回族侨胞的最早祖先。②

当时云南通往泰国北部的马帮商道主要有两条:一条是先入老挝丰沙里省,向南穿过琅勃拉邦,再向西渡过湄公河进入泰国的清孔地区;一条经由缅甸景栋进入今天泰国北部清莱府北端的边镇美塞市,再转往清迈或曼谷各地。

回族马帮在云南的出发点一般有个旧、蒙自、建水、河西、昆明、玉溪、峨山。国内出境口岸多为车里（今景洪）所属的勐海,具体为今打洛和大勐龙两地。马帮入缅甸后,先汇集到掸帮首府景栋,往西则进入缅甸腹地,往东则由大其力进入泰国北部的清莱、清迈各省。清末黄诚沅氏在《滇南界务陈牍》中曾有记载:"商人由车里出外域贸易者有四道:一由易武、猛白乌经猛岭,一由大猛笼至猛岭,一由猛混至猛八。以上三路均可到达景梅（今清迈）一带。其由孟良西过达角江,则走缅甸路也。"③由于山路崎岖难行,马帮每走一趟都要花费很长时间。如马帮从河西到思茅共有 15 个马站,思茅到佛海（今勐海）8 站,佛海到景栋 7 站,景栋到清迈 15 站,清迈到毛淡棉 17 站,共有 62 站,每站一般有 50 至 60 华里,全线总长约 3000 多华里④。

在当时条件下,马帮来回一趟至少需要半年时间,一般都是秋末九、十

① 马桢祥.泰缅经商回忆[A].//政协云南省委员会文史资料委员会.云南文史资料选辑:第四十二辑[C].昆明:云南人民出版社,1993:279.
② 姚继德.云南回族向东南亚的迁徙[J].回族研究,2003,（2）:5.
③ 申旭.中国西南对外关系史研究:以西南丝绸之路为中心[M].云南美术出版社,1994:165.
④ 胡阳全.云南马帮[M].福州:福建人民出版社,1999:42.

月动身出发,翌年春末夏初的三、四月间归来,有所谓"干冬出门,雨天在家"的规矩。若马帮从峨山出发,抵达缅甸景栋有40个马站,国内抵达边境口岸打洛的主要马站路线是:坡脚——杨武——青龙场——干庄坝——干叉——墨江——磨黑——斑各箐(今大渡岗)——普胜——车里——勐海——勐遮——打洛,整个行程马帮需行走25天至30天。根据我国学者姚继德和马仁山的研究,云南马帮从事滇泰货物运输的路线不仅时间长,而且异常危险与艰辛。

　　回族马帮营运的货物,最早的是食盐、粮食、糖、茶叶、棉花、丝绸、土布、烟草、名贵药材、牛羊及兽皮、金、银、铜、锡矿、农具和生活必需品等。其中盐、糖、粮、茶、布匹、药材和矿产品是最重要的营运商货,从明末以来直至现代,长盛不衰。另外还有一宗特殊商品就是人所共知的鸦片烟。①

　　云南马帮除了是滇缅、滇印、滇泰贸易活动的主要承担者和参与者外,也是滇越(南)、滇柬(埔寨)、滇老(挝)等周边东南亚、南亚国家之间贸易的承担者和参与者。他们驮到越南、柬埔寨、老挝等国的货物,与到缅甸、印度、泰国的大致一样。在明清以前,较多为贵重物品;明清以后,除贵重物品外,大部分是云南或其他西南地区出产的土特产品。以老挝为例,马帮驮运到老挝的货物有土布、黄蜡、丝、铜器、铁锅、缎子、毡子、鞋子和故衣(清朝末年用绸缎制作的衫子马褂),返回时所驮运的货物有鹿茸、象牙和山货等老挝土特产品。

三、马帮对云南现代社会经济发展的经济价值与借鉴意义

(一)马帮是云南特殊空间和非常时期经济发展的重要交通方式

　　新中国成立以来、特别是十一届三中全会以来,随着云南省公路、铁路、航空及航运等现代交通运输方式的建设与发展,云南马帮逐步走向衰败。

---

① 姚继德. 云南回族向东南亚的迁徙[J]. 回族研究,2003,(2):5.

然而,通过冷静分析云南省的生态环境系统、地理位置和经济社会发展状况,我们认为,马帮尽管在云南各地已经很难看到,但衰落并不意味着彻底消亡。如前所述,云南是一个多山的省份,境内的山区和半山区占全省面积的94%,分布着六大水系,有大小河流600多条,多属于滩多流急,高山峡谷相间,河川湖泊纵横,断陷盆地星布,地质条件复杂,①生态环境脆弱,加上人口分布分散,要使乡乡村村都公路,困难极大;即使在中央及地方政府的支援下,实现村村寨寨通公路,不仅成本高昂、效益低下,而且对当地生态环境的消极影响也不可估量。因此,在那些人口居住分散,经济规模不大的山区、半山区,因地制宜地保留和适当发展马帮运输,不但不是保护落后,而且是既有利于改善山区交通,又有利于保持生态平衡,防止污染扩大,并且成本低廉、效益良好、使用方便的良策。

同时,依据云南特殊的地形地貌和地理位置,马帮还是云南社会经济非常时期的重要应急交通方式。这种非常时期,主要体现在:

1. 自然灾害时期

在分析云南马帮产生的缘由时已经提到,云南境内连绵起伏的高山、纵横交错的江河、复杂多样的地形地貌与气候以及脆弱的生态系统,是云南马帮产生的自然环境基础。

对于这些自然因素,很多人认为,随着社会生产力的发展与科技进步,完全可以克服。比如,对于高山江河的阻隔,可以通过现代机械设备打通隧道、修建桥梁、推倒、铲平或炸掉山地、填平河谷等手段加以克服;对于复杂多样的地形地貌和气候,可以通过给交通运输工具配备现代仪器仪表设备,如导航仪、空调机、计算机、机器人等加以克服;对于脆弱的生态环境,可以通过实施改良土壤、植树造林、退耕还草还林还牧、设立自然生态保护区等措施加以克服。既然马帮产生的自然环境因素可以通过后天人为努力加以克服,那么马帮必然会因这些自然因素的消失而归于消亡。

---

① 中共云南省委政策研究室. 云南省情:1949—1984[M]. 昆明:云南人民出版社,1986:5~14.

然而,事实证明,随着社会现代化发展,导致云南马帮产生的这些自然生态因素并没有发生根本性的变化,更没有因人们的作为而得以完全克服。相反,因为人们的不当或过激行为,往往可能导致云南生态环境的破坏与恶化,比如,砍伐森林、破坏植被、炸山筑路、填河造桥、拦河造坝、围湖造田等。因此,直到今天,云南仍然是山河险峻、地形气候复杂、生态脆弱的地区,是洪水、滑坡、泥石流、暴风雪、冰冻、地震等自然灾害较多而且频发的地区。云南省是我国仅次于台湾的多地震省份,自公元9世纪云南就有地震的记载,截至1984年,云南已发生5级以上破坏性地震400次。[①] 1950年至2007年,云南省共发生5级以上地震232次,年均达到4次。[②] 又以农业自然灾害为例,新中国建立以来,云南每年都有不同程度的各种自然灾害,如干旱、洪涝、冰雹、泥石流等。每年大小春受害面积在500万亩以上,受害严重的年份(如1979年),高达2,600万亩。云南还是暴雨型泥石流主要发生地区之一,夏秋两季泥石流暴发较多,主要发生于金沙江沿岸、小江流域(有大型泥石流沟38条)、龙川江流域、大盈江流域(泥石流沟密布)。此外,滇南山区泥石流也有零星发生。[③] 1951年至2007年,云南省发生崩塌、滑坡、泥石流近100起。[④]

面对这些自然灾害时,如何应对与救援?在公路、铁路、航空及航运都无法正常发挥作用的情况下,人们首先想到的、或所能依靠的仍然只有马帮。事实也是如此。每当云南发生滑坡、泥石流、冰冻、地震等自然灾害时,我们通过电视等媒体总能看到骡马与救援人员奋战在第一线;在灾后重建期间,也能时常看到骡马的影子。显然,只有马帮,才能忽略现代交通运输方式的规则,在没有路的地方开辟出一条条救生道路;只有马帮,才能赶在第一时间,及时把救援物资和人员输送到灾害地区,同时把受害或受困人员和财物抢救到安全地带;只有马帮,才能实现以最小的代价获取最大的收获

① 中共云南省委政策研究室. 云南省情:1949—1984[M]. 昆明:云南人民出版社,1986:1085.
② 《云南省情》编委会. 云南省情:2008年版[M]. 昆明:云南人民出版社,2009:21.
③ 中共云南省委政策研究室. 云南省情:1949—1984[M]. 昆明:云南人民出版社,1986:230—234.
④ 《云南省情》编委会. 云南省情:2008年版[M]. 昆明:云南人民出版社,2009:22.

和最好的效果,以实现云南社会经济的尽快稳定、恢复与发展!

2. 人为灾难时期

云南作为祖国领土的一部分,具有与内地、甚至别的省区不同的社会特点。比如,地处西南边疆地区,与缅甸、越南、老挝、尼泊尔等国接壤,国界线长,自古以来就是中国通往东南亚、南亚的大通道;少数民族成分最多,民族与宗教关系复杂;植物、生物、矿产、水电等资源丰富等等。在和平时期,凭借汽车、火车、飞机、轮船等现代交通工具,这些特点可以成为云南加强与内地及东南亚、南亚各国交流与合作的积极因素和有利条件。

然而,和平因素与非和平因素是并存的。一旦非和平因素占主导时,必然导致人为灾害的发生,最严重的莫过于战争。

我们知道,现代社会高科技条件下的战争,破坏力巨大。如何在现代战争的巨大破坏面前保持顽强的抵抗力与战斗力?很显然,在云南,马帮的功能不可忽视。运用马帮,可以忽略现代武器对现代交通设施的破坏与摧毁,维持战时交通生命线的存在;运用马帮,可以真正体现人与自环境然的完美结合,消灭敌人于无影无踪;运用马帮,可以发挥男女老少的作用,真正体现人民战争的威力……其实,抗日战争期间,云南马帮所做的特殊贡献已经给予了充分的阐释与证明。①

(二)以马帮文化为内容的旅游经济潜力巨大

马帮作为中国西南地区、特别是云南特有的一种交通运输方式,存在时间之悠久,参与者人数之多、范围之广,堪称历史奇迹。今天,马帮离我们现代生产、生活渐行渐远,唯一可以唤起我们回忆的方式,是寻访当年的茶马古道,充分感受和领略当年马帮的辉煌与沧桑。由此,以马帮文化或马帮精神②为核心内容、以茶马古道为基本载体的旅游经济得以形成与发展。

---

① 陆韧.抗日战争中的云南马帮运输[J].抗日战争研究,1995,(1):59—69.
② 主要包括冒险与开拓精神、勤勉精神、宽容亲和精神、讲信誉守信用精神、爱国与创新精神等。参见李旭.论大西南马帮精神[J].云南民族学院学报:哲学社会科学版,2000,(3):42—44.

　　茶马古道首先是在云南被发现并命名的。1987 年,云南大学教授木弘霁到滇西北做方言调查时,偶然得知有一条通往西藏的古道。在当地人的带领下,他们对这条路进行了考察,尘封了多年的古道终于重新引起了人们的注视。① 较之西藏和四川省,云南茶马古道具有较高知名度,并抢占了率先开发茶马古道的先机。

　　茶马古道的基本路线有两条:一是从云南普洱经大理、丽江、香格里拉进藏转至南亚;另一条是四川境内,在云南境内约为普洱——景谷——景东——南涧——大理——丽江——香格里拉——德钦等。支线范围更广。② 在茶马古道沿线,自然和人文旅游资源极为丰富,多样性特征显著,且旅游资源结构组合好。从自然旅游资源看,"茶马古道"云南段,南临闻名于世的"香格里拉"和藏区第一神山——梅里雪山,此处有 3 个国家级风景名胜区,4 个国家自然保护区,4 个国家森林公园,有着突出的自然资源优势,拥有迪庆香格里拉、三江并流等世界级景区以及世界上纬度最低的冰川——明永冰川,并有虎跳峡、高黎贡山、哈巴雪山、华泉奇观白水台等一批著名景区(点)。③ 同时,该区域拥有世界上最丰富的生物物种,是东亚植物区系的核心地带,其垂直带谱囊括了北半球几乎所有的生物种群,蕴含着发展生态旅游的巨大潜力。从人文旅游资源看,"茶马古道"不仅是一条商品交换、"茶马互市"的商贸古道,也是各民族间进行文化交流和民族迁徙的走廊。古道沿线生活着汉、纳西、回、怒、普米、彝等十多个民族,各民族的文化历史通过茶马古道得以展现与发扬。例如傣族的贝叶文化、彝族祭坛的火文化、白族的本主文化、纳西族的东巴文化、藏族的雪域文化等。同时,不同民族的文化、历史、宗教及生活习俗,通过古道相互交汇、融合,共同发展与进步。例如,现在纳西族的建筑风格中,既有纳西族自身的特点,又有白族和藏族的特点。这种多元文化特点,使茶马古道成为云南民族文化最富集的地区

　　① 木弘霁. 茶马古道上的民族文化[M]. 昆明:云南民族出版社,2003:3.
　　② 明庆忠. 茶马古道(云南段)旅游资源及其开发利用[J]. 长江流域资源与环境,1994(4):9.
　　③ 罗莉. 依托"茶马古道"黄金旅游线建立藏、川、滇"大三角"藏区旅游经济圈[J]. 西南民族学院学报:哲学社会科学版,2003,(2):5.

之一。①

发展以茶马古道为主题的旅游经济,具有良好的开发条件与基础。云南现代化的公路交通道路网和茶马古道大部分路段相距不远,使得茶马古道的旅游开发具备了良好的交通条件,可进入性强,这是其一;其二,在云南茶马古道1000多年的历史进程中,沿线兴起了诸多城镇,作为云南茶马古道的重要节点,今天它们在云南旅游和经济发展中仍然占有重要地位,如西双版纳、普洱、大理、丽江、香格里拉等,这些地区的旅游开发已初具规模,旅游产业体系基本形成。其三,茶马古道沿线的大理、丽江、景洪、香格里拉已建成机场,旅游开发的空中走廊基本形成,加上云南高速公路的迅速发展(如昆曼国际通道的修建),沿线开放格局正在逐步形成。

发展以茶马古道为主题的旅游经济,要加强古道的研究与宣传工作,突出古道沿线的旅游资源特色,设计出独特的旅游线路和项目,不断推出新旅游产品与项目,如建立雪山峡谷考察观赏线路与旅游区吸引旅客,突出探险、民族风情、科考、滑雪等旅游项目;建立旅游资源开发的区域协作机制,协调各地区关系与利益,推行整体营销,把分散的各个旅游区用古道这条金链子串起来;建立便捷通道,争取广泛客源,如争取大理、丽江、香格里拉成为国际航空口岸,在境外设立旅游办事机构;加强旅游"硬件"和"软件"建设,保护生态环境,提高旅游经济效益。

自2002年云南丽江推出"茶马古道之旅"以来,云南以茶马古道为主题的旅游开发日益受到重视,茶马古道旅游经济发展迅猛。"茶马古道之旅"作为世界级旅游品牌和"旅游绝品",正受到越来越多的游客的认同和赞赏。② 完全有理由相信,茶马古道旅游经济的开发,将有力推进云南旅游强省建设,促进沿线地区各民族经济开发与发展,并强化滇川藏区际间及其与东南亚、南亚间的经济、文化、科技交流与贸易发展。

---

① 木永顺.论"茶马古道"的形成、发展及其历史地位[J].楚雄师范学院学报,2004年,(4):12.

② 纳奚."茶马古道"——世界级旅游品牌[A].//木仕华.活着的茶马古道重镇丽江大研古镇:茶马古道与丽江历史文化研讨会论文集[C].北京民族出版社,2006:340.

(三)马帮是云南现代民族经济发展的重要借鉴

研究云南马帮的经济变迁,目的在于启发人们思考并解决边疆和民族地区经济发展的现实问题,利用各种与经济落后地区生产发展相适应的社会组织形式和交往形式,真正实现边疆及落后民族地区的经济迅速发展。

马帮在现代人的眼中更多地是一种文化而不是经济行为,大家关注马帮的歌谣,马帮的爱情,马帮的冒险经历,把马帮看作是一种现代类型的旅游活动,却不太关心马帮是怎么样组织起来的,它的合作方式是什么,它对云南社会经济发展起到了什么作用,等等。其实,在民族经济的视野中,马帮首先是一种经济组织。它的起源和目的,都是为了有利于实际的生活。它是一种民族经济对于环境的自适性组织,它的起源是一种合作和分享的意愿和机制。马帮的组织在初期有很明显的灵活性,都是一个相同地域里的村民们为了一个共同关心的项目组成一个有明确任务的马队,大家出人力和牲畜,驮运几种这一地域的人们必需的生活用品,比如盐、农具、布匹、粮食等,待这些任务完成,或者说把这些物资运回后,供全体人员享用。在组成马队之前,村民们还必须考虑一个问题,就是用什么东西来换回这些必要的生活用品。一般来说,总是用自己所生产的物品,如粮食、手工艺品,这些最早的商品可以当时就折算成一种等价物,和马队的负责人做成交易,也可以到目的地后再与出售这些他们需要的生活必需品的商人们交易。这必然产生较为复杂的交换方式和过程,少数民族面对的情况,就是典型的商品交换的环境。不过,在这种环境下,云南少数民族大多时候既是消费者,又是生产者或商人,其中的界线是模糊的,人们的角色也是在不断的变换着。马帮的作用,是为少数民族完成了经济角色和经济结构多样化的初期改变,使人们认识到交易这种方式在经济生活中的意义和作用,同时人们也按自己特有的方式组成了云南早期的社会分工和有组织的经济联营体,认识了赢利、亏损、适合的经营方法等这些基本的商贸内容。

和别的任何一种以实际需要为解决方案的人类经济组织一样,马帮也在发展和演变。当云南处于南诏、大理两个政权时期时,马帮空前活跃,形成了由于马帮的影响,云南在当时掌握了茶和马这两种对别的地区的生活、军政有控制作用的物资,并用这些物资在边境的互市区换回自己中意的产品,这其中,云南还一直是对贸易起积极作用的一方。元以降,马帮已经有了专业性质的发展,马帮有了经理(马锅头)和伙计,马帮的业务完成了向以市场团体为角色的变化。但是马帮的组成仍然是灵活的,他可以临时合并别的马帮或吸收新的零散的马和马主人进入一个短期的业务,形成一种联合,然后又分开。在联合时采用合股的形式来分配利润,分开后再次成为独立的一支。他也可以以资金的形式参与马帮的经营活动,也可以用劳动力的身份加入。总之,只要有闯劲,会盘算,能很快了解生意的秘诀,他就能在这块天地中一试身手。

马帮在云南足以影响整个云南的经济特征。在马帮行业最为鼎盛的时候,云南各地区有数万匹驮马在全省和周围的地域奔波,马帮没有我们平常所认识的经济组织的严密结构,它是很开放的。正因如此,很多身无长物的赤贫之人,都通过先从很小型的马帮生意开始,后来成为著名的人物。云南近代大多数名人,不管是政治人物,比如保山的杜文秀,还是巨商大贾,比如大理喜洲的严子珍,都在早年从事过马帮营生,并且以此为一种学习、体验和开展自己人生事业的一个主要经验或经历。

马帮这种经济组织形式也是云南民族经济的一种表现。它起源于共同的需要,采取的组织形式也是开放和灵活的方法,在大多数的非专业马帮中间,人情关系、组织、分配形式与别的以贪图利益为唯一目的的商业组织也不相同。因为一个单独的、少量的人或马要想完成一个大型马帮的工作和目标是很难的,而采用不那么严格的组织方式又能解决大多数人的需要,这样就在中庸的道路上找到了一个大家都能认同的方式。

总之,马帮是专为云南的环境和人情而建立的,它的要点是门槛不高,任何人要进入这个行业都没有什么先天的障碍。这一点是颇为可贵的,也是云南现代民族经济发展应当借鉴与发扬的宝贵经验。

四、结 论

无论是从历史角度还是从现实角度,云南马帮都具有不可忽视的重要经济价值与功能。

首先,马帮是推动云南商品经济开发与发展的重要动力。在云南,马帮的发展演化过程,其实也是云南社会商品经济得到不断开发与发展的过程。秦汉时期,云南马帮通过西南丝绸之路,加强并实现与内地之间的政治、经济联系,由此推动云南商业的兴起和初步发展;南诏大理国时期,以地方政权积极的商贸政策和便利的商贸路线的开通为背景,云南马帮获得进一步发展,云南商品经济已经相当发达,不仅形成了阳苴咩、大釐、拓东、银生等商贸中心城镇,而且形成了"三月三"、"渔潭会"等著名集市;元明清时期,以云南成为中央王朝有效管辖区域和全国性驿站的建立为背景,云南马帮运输走向日常化与大众化,由此推动云南商品经济呈现繁荣景象,商品观念开始深入到各地乡村山寨;近代及民国时期,以滇越铁路的开通和蒙自、思茅、腾越等外贸口岸的设立为背景,云南马帮通过为对外贸易服务而得到超常规发展,由此带动了云南商品经济的进一步发展。

其次,马帮是推动云南对外经济交往的重要力量。由于云南地处西南边疆,与东南亚、南亚多个国家接壤,加上很多少数民族跨境而居,因而云南马帮的运输活动,不仅包含省内、国内货物的运输,还包括大量外贸货物的运输。文献资料记载显示,历史上云南马帮的足迹遍布东南亚、南亚主要国家,如越南、缅甸、老挝、泰国、印度、柬埔寨等。其中,云南马帮参与的滇缅贸易、滇泰贸易、滇印贸易较为突出、频繁,历史悠久。

再次,马帮对推动和实现云南现代社会经济又好又快发展具有重要经济价值与借鉴意义。这主要体现在三个方面:(1)马帮是云南社会经济非常时期的重要应急方式,这包括自然灾害时期和人为灾难时期。(2)以马帮精神为内容、茶马古道为载体的旅游经济潜力巨大。通过探访茶马古道,可以让人们充分感受当年马帮的辉煌与沧桑,充分领略云南民族文化的丰富与深刻。(3)马帮对云南现代经济、特别是民族经济发展具有重要借鉴意义。在云南马帮的发展演化过程中,体现出鲜明而独特的边疆、民族特征,如适用云南特殊的自然地理与社会环境而产生发展,各地区的各民族群众广泛积极参与、并都从中受益,形成了融商业文化与民族文化于一体的马帮文化。这些都是云南现代民族经济发展应当借鉴和发扬的宝贵经验。

结　语

自破题之日至今,本书的写作已经将近一年。期间,笔者多次寻访茶马古道进行实地调研,收集关于云南马帮的文献资料和图片,感受当年马帮的辉煌与沧桑,同时充分借鉴前人已有相关研究成果,以期圆满完成本书的写作。纵观全书,笔者运用民族经济学的基本理论与方法,主要阐述了以下三个问题:

一、马帮是依据云南的自然与社会环境而产生的自适性经济组织。它的产生,具有其必然性与可能性。一方面,它是适应云南自然地理环境的产物。云南地处祖国西部世界屋脊青藏高原东南缘与西南部云贵高原的结合部位,是一个低纬度、高海拔、山地高原为主的边疆内陆省份。从地形地貌看,具有三大基本特征:一是高原呈波涛状,土地高低参差不齐,平坝小;二是高山峡谷相间,山脉与江河交错相切,地形较为破碎;三是地势自西北向东南分三大阶梯递降。第一阶梯与第三阶梯之间相差海拔3000米以上。这种特殊的自然地理环境,使得历史上的云南货物运输主要依赖人力和畜力;要进行中长途批量货物运输,单人匹马难以成行,马帮成为便利而经济的交通运输方式。另一方面,马帮是适应云南社会环境的产物。与内地严格奉行"重农抑商"政策不同,云南各民族自古以来就有重商传统。这不仅体现在社会发展程度较低民族频繁的原始物物交换活动,而且体现在社会发展程度较高民族发达的商品交换活动。同时,云南自古以来盛产良马,养马、驯马历史悠久。秦汉以来直到清代,云南的养马业得到不断发展,马的饲养、驯化技术不断进步,这为马帮的产生、发展与繁荣奠定了坚实的基础。

二、马帮作为云南商品货物的传统交通运输方式,贯穿于云南数千年的文明史。以时间为线索,云南马帮的历史演化大致可以分为五个时期,即秦汉时期马帮的出现、南诏大理国时期马帮的初步发展、元明清时期马帮的盛行、近代民国时期马帮的鼎盛和建国以后马帮的衰落。云南马帮的经济变迁,包含的内容丰富,但突出表现在三个方面:一是马帮组织类型与结构的变迁,重点剖析马帮组织类型的日益多样性和组织结构的日益严密性,突出云南少数民族广泛参与性及其马帮特点;二是马帮运输货物及其运价的变迁,重点探讨马帮运输货物从以贵重物品为主向以日常必需品为主变迁的内在必然性,以及运价的计算及其影响因素;三是马帮运输路线的变迁,重点阐述马帮运输路线(单一的西南丝绸之路——拓展的商贸路线——全国性驿站——四大运输干线)的历史演化过程及其内在规律性;四是马帮社会经济功能的变迁,重点探讨马帮对历史上云南商品经济和对外经济交往发展的推动作用以及为抗日战争胜利、建国初期经济建设所做出的特殊贡献。

三、马帮对云南现代社会经济又好又快发展具有重要经济价值和借鉴意义。这主要体现在三个方面:(1)马帮是云南社会经济非常时期的重要应急方式,这包括自然灾害时期和人为灾难时期。(2)以马帮精神为内容、茶马古道为载体的旅游经济潜力巨大。通过探访茶马古道,可以让人们充分感受当年马帮的辉煌与沧桑,充分领略云南民族文化的丰富与深刻。(3)马帮对云南现代经济、特别是民族经济发展具有重要借鉴意义。在云南马帮的发展演化过程中,体现出鲜明而独特的边疆、民族特征,如适用云南特殊的自然地理与社会环境而产生发展,各地区的各民族群众广泛积极参与、并都从中受益,形成了融商业文化与民族文化于一体的马帮文化,等等。这些都是云南现代民族经济发展应当借鉴和发扬的宝贵经验。

在写作过程中,受笔者研究方法、写作能力等因素的制约,本书存在一些不足之处和尚待解决的问题,比如,由于实地调研不充分和保密原因,诸多地方马帮重要文献资料未能收集;写作中对史料的表述和运用略显繁杂,简洁性和条理性有待提高;对云南马帮现代经济价值与借鉴意义的探讨不够深入等。对此,笔者愿意在今后的学习工作中,进一步深入调查研究,勤于思考和写作,多听多交流,通过不断修改来逐步解决所存在的问题。

参考文献

1 [汉]司马迁.史记·西南夷列传[M].卷一百一十六,北京:中华书局, 1959.

2 [汉]司马迁.史记·货殖列传[M].卷一百二十九,北京:中华书局,1959.

3 [汉]班固.汉书·西域传[M].卷九十六上,北京:中华书局,1962.

4 [唐]樊绰撰,赵吕甫校释.云南志校释[M].北京:中国社会科学出版社, 1985.

5 [唐]樊绰撰,向达原校,木芹补注.云南志补注[M].昆明:云南人民出版 社,1995.

6 [宋]欧阳修,宋祁.新唐书·南诏传[M].卷二百二十二,北京:中华书局, 1975.

7 [宋]欧阳修,宋祁.新唐书·地理志[M].卷四十三下,北京:中华书局, 1975.

8 [晋]常璩著,汪启明等译注,吴迪等校订.华阳国志·南中志[M].成都: 四川大学出版社,2007.

9 [南朝宋]范晔.后汉书·南蛮西南夷列传[M].卷八十六,北京:中华书 局,1965.

10 [明]宋濂.元史·兵志[M].卷一百一,北京:中华书局,1976.

11 [清]杜昌丁.藏行纪程[A].//方国瑜.云南史料丛刊:第十辑[C].昆 明:云南大学出版社,2001.

12 周钟岳.新纂云南通志·交通考二[M].卷57,民国33年修.

13 周钟岳.新纂云南通志·特产考[M].卷4,民国38年铅印本.

14 马克思.政治经济学批判[M].北京:人民出版社,1961.

15 费孝通.中华民族多元一体格局[M].北京:中央民族大学出版社,1999.

16 费孝通.江村经济:中国农民的生活[M].戴可景译,南京:江苏人民出版社,1986.

17 费孝通,张之毅.云南三村[M].北京:中国社会科学文献出版社,2006.

18 林耀华.民族学通论[M].北京:中央民族大学出版社,1997.

19 施正一.民族经济学教程[M].北京:中央民族大学出版社,2001.

20 施正一.施正一文集[M].北京:中国社会科学出版社,2001.

21 方国瑜.西南历史地理考释[M].北京:中华书局,1987.

22 方国瑜.云南地方史讲义[M].昆明:云南广播电视大学,1984.

23 汪宁生.中国西南民族的历史与文化[M].昆明:云南民族出版社,1989.

24 马曜.云南简史[M].昆明:云南人民出版社,1991.

25 傅筑夫.中国经济史论丛(二)[M].昆明:人民出版社,1982.

26 陈庆德.民族经济学[M].昆明:云南人民出版社,1994.

27 陈庆德,马翀炜.文化经济学[M].北京:中国社会科学出版社,2007.

28 龙远蔚.中国少数民族经济研究导论[M].北京:民族出版社,2004.

29 刘永佶.中国少数民族经济学[M].北京:中国经济出版社,2010.

30 马丽娟.多型论:民族经济在云南[M].北京:民族出版社,2002.

31 齐扎拉.迪庆藏族自治州概况[M].昆明:云南民族出版社,2007.

32 绒巴扎西.云南藏区可持续发展研究[M].昆明:云南民族出版社,2001.

33 辉国政.云南省情教育[M].昆明:云南大学出版社,2003.

34 方铁.边疆民族史探究[M].北京:中国文史出版社,2005.

35 云南公路交通史志编委会.云南公路运输史[M].北京:人民交通出版社,1995.

36 杨兆钧.云南回族史[M].昆明:云南人民出版社,1994.

37 赖存理.回族商业史[M].北京:中国商业出版社,1988.

38 陆韧.云南对外交通史[M].昆明:云南民族出版社,1997.

39 申旭.中国西南对外关系史研究:以西南丝绸之路为中心[M].昆明:云南美术出版社,1994.

40 申旭.老挝史[M].昆明:云南大学出版社,1990.

41 吴兴南.云南对外贸易史[M].昆明:云南大学出版社,2002.

42 李珪.云南近代经济史[M].昆明:云南民族出版社,1995.

43 杨聪.大理经济发展史稿[M].昆明:云南民族出版社,1986.

44《白族简史》编写组白族简史[M].昆明:云南人民出版社,

45《纳西族简史》编写组纳西族简史[M].北京:民族出版社,2008.

46《普米族简史》编写组普米族简史(修订本)[M].北京:民族出版社,
2009.

47 王明达,张锡禄.马帮文化[M].昆明:云南人民出版社,1988.

48 胡阳全.云南马帮[M].福州:福建人民出版社,1999.

49《南方丝绸之路文化论》编写组.南方丝绸之路文化论[M].昆明:云南民族出版社,1991.

50 杨洪波.茶马古道——滇文化精粹[M].昆明:云南民族出版社,2005.

51 杨毓才.云南各民族经济发展史[M].昆明:云南民族出版社,1989.

52 李旭.茶马古道[M].北京:新星出版社,2005.

53 李旭.藏客—茶马古道马帮生涯[M].昆明:云南大学出版社,2000.

54 木弘霁.茶马古道考察纪事[M].昆明:云南教育出版社,2001.

55 木弘霁.茶马古道上的民族文化[M].昆明:云南民族出版社,2003.

56 木弘霁,等.滇藏川"大三角"文化探秘[M].昆明:云南大学出版社,
2003.

57 钟颖,刘琨.古道苍茫:亲历茶马古道[M].昆明:云南民族出版社,2004.

58 木祥.丽江马帮[M].昆明:云南人民出版社,2001.

59 宣绍武.茶马古道亲历记[M].昆明:云南民族出版社,2001.

60《茶马古道》编委会.又见茶马古道[M].北京:民族出版社,2004.

61 罗群.近代云南商人与商人资本[M].昆明:云南大学出版社,2004.

62 陈延斌.大理白族喜洲商帮研究[M].北京:中央民族大学出版社,2009.

63 薛祖军.大理地区喜洲商帮与鹤庆商帮的分析研究[M].昆明:云南大学出版社,2010.

64 刘荣安.云南少数民族商品经济[M].昆明:云南人民出版社,1989.

65 中共曲靖地委史志委.滇东风物[M].昆明:云南人民出版社出版,1987.

66 常霞青.麝香之路上的西藏宗教文化[M].杭州:浙江人民出版社,1988.

67 蔡国荣.重走马帮路:2005赶马进北京[M].昆明:云南科技出版社,2007.

68 王晓燕.官营茶马古道研究[M].北京:民族出版社,2004.

69 云南省档案馆.清末明初的云南社会[M].昆明:云南人民出版社,2005.

70 云南省档案馆.抗战时期的云南社会[M].昆明:云南人民出版社,2005.

71 云南省档案馆.建国前后的云南社会[M].昆明:云南人民出版社,2009.

72 廖乐焕.中国少数民族地区县域经济发展战略研究[M].北京:中国经济出版社,2009.

73 王德强(绒巴扎西),廖乐焕.香格里拉区域经济发展方式转变研究[M].北京:人民出版社,2011.

74 政协云南文史资料委员会.云南文史资料选辑:第7辑[C].昆明:政协云南文史资料委员会,1965.

75 政协云南文史资料委员会.云南文史资料选辑:第9辑[C].昆明:政协云南省文史资料委员会,1965.

76 政协云南文史资料委员会.云南文史资料选辑:第29辑[C].昆明:政协云南文史资料委员会,1986.

77 中共云南省委政策研究室.云南省情:1949—1984[M].昆明:云南人民出版社,1986.

78 《云南省情》编委会.云南省情:2008年版[M].昆明:云南人民出版社,2009.

79 苏汝江.云南个旧锡业调查[M].昆明:云南开智印刷公司,1942.

80 王玮.滇西驿运调查报告书.:1941年4至6月[R].原件存云南省档案馆.

81 方国瑜.滇史论丛:第一辑[C].上海:上海人民出版社,1982.

82 杨卓然.滇人赴缅做工及经商情况简述[A].//政协云南省委员会文史资料研究委员会.云南文史资料选辑:第七辑[C].1965.

83 解乐三.云南马帮运输概况[A].//政协云南省委员会文史资料研究委员会.云南文史资料:第九辑[C].1965.

84 董彦臣.石磺史话[A].//政协云南省委员会文史资料研究委员会.云南文史资料:第九辑[C].1965.

85 王荣廷.回忆遮萨的反复变化[A].//政协云南省委员会文史资料研究委员会.云南文史资料选辑:第二十九辑[C].昆明:云南人民出版社,1986.

87 王应鹏口述.民国时期大理、凤仪的马帮[A].//政协云南省委员会文史资料委员会.云南文史资料选辑:第四十二辑[C].昆明:云南人民出版社,1993.

88 马桢祥.泰缅经商回忆[A].//政协云南省委员会文史资料委员会.云南文史资料选辑:第四十二辑[C].昆明:云南人民出版社,1993.

89 丽江文史资料委员会.近代纳西族的历史发展[A].//丽江县政协文史资料委员会.丽江文史资料:第7辑[C].1989.

90 赖敬庵,杨超然.丽江工商业资料[A]//丽江文史资料编辑委员会.丽江文史资料:第三辑[C].1986.

91 和汝恭.丽江的商业[A].//丽江县政协文史组.丽江文史资料:第三辑[C],1986.

92 周发春.纳藏贸易概况[A].//丽江纳西族自治县志编纂委员会.丽江志苑:第二期[C].1988.

93 杨禹.活跃在山里的运输队[A].//政协云龙文史资料委员会.云龙文史资料:第三辑[C].1989.

94 邹健.近代云南的马帮运输[A].//《经济探索》杂志社编印[C].云南近代经济史稿.

95 谢本书.汉代五铢钱在腾冲[A].//谢本书.腾冲史话[C].北京:人民出

版社,2002.

96 张家录.看马配鞍[A].//通海县政协文史资料委员会.通海文史资料:
第三辑[C].1988.

97 黄槐荣.腾冲战时物资调度委员会的活动[A].//腾冲县政协.腾冲文史
资料选集:第一集[C].潞西:德宏民族出版社,1988.

98 周怀聪.云南镇康民众的抗日活动[A].//政协西南地区文史资料协作
委员会议.西南民众对抗战的贡献[C].贵阳:贵州人民出版社,1992.

99 江应樑.滇南沙甸回族农村调查[A].//中国少数民族社会历史调查云
南省编辑组.云南回族社会历史调查(一)[C].昆明:云南人民出版社,
1985.

100 温眉虎.永平曲硐回族历史调查[A].//中国少数民族社会历史调查云
南省编辑组.云南回族社会历史调查(一)[C].昆明:云南人民出版社,
1985.

101 马维良.洱源县土庞村回族调查[A].//中国少数民族社会历史调查云
南省编辑组.云南回族社会历史调查(三)[C].昆明:云南人民出版社,
1985.

102 马廷璧.云南战时驿运[A].//政协西南地区文史资料协作会议.抗战
时期西南的运输[C].昆明:云南人民出版社,1992.

103 李生庄.滇缅交通线刍言[A].//云南省交通厅公路交通史志编委会.
云南公路运输史[C].北京:人民交通出版社,1995.

104 张增祺.古代云南骑马民族及其相关问题[A].//云南省博物馆.云南
青铜文化论集[C].昆明:云南人民出版社,1991.

105 木仕华.活着的茶马古道重镇丽江大研古城—茶马古道与丽江古城历
史文化研讨会文集[C].北京:民族出版社,2006.

106 杜鹃.民国时期的云南马帮驿运[D].四川大学硕士学位论文,2004.

107 陆韧.抗日战争中的云南马帮运输[J].抗日战争研究,1995,(1).

108 申旭.中国与东南亚贸易史概论.[J].东南亚研究,1989,(2).

109 申旭.茶马古道与滇川藏印贸易[J].东南亚,1994,(3).

110 申旭.滇藏茶马古道略论[J].西藏研究,1999,(1).

111 申旭.藏彝民族走廊与茶马古道[J].西藏研究,1998,(3).

112 李旭.滇藏茶马古道的宗教文化[J].云南民族学院学报:哲学社会科学版,1994,(3).

113 李旭.论大西南马帮精神[J].云南民族学院学报:哲学社会科学版,2000,(3).

114 马维良.云南回族的对外贸易[J].回族研究,1992,(2).

115 董孟雄,郭亚非.近代云南的交通运输与商品经济[J].云南社会科学,1990,(1).

116 董孟雄,陈庆德.近代云南马帮初探[J].经济问题探索,1998,(6).

117 姚继德.云南回族马帮的组织与分布[J].回族研究,2002,(2).

118 姚继德.云南回族向东南亚的迁徙[J].回族研究,2003,(2).

119 方铁.元代云南至中南半岛北部的通道和驿站[J].思想战线,1987,(3).

120 何平.云南回族与滇缅贸易[J].思想战线,1992,(3).

121 石硕.茶马古道及其历史文化价值[J].西藏研究,2002,(4).

122 杨寿川.云南用贝作货币的起始时代[J].思想战线,1981,(5).

123 王晓燕.明代官营茶马贸易体制的衰落及原因[J].民族研究,2001,(5).

124 王晓燕.试论官营茶马贸易的历史作用和意义[J].中国藏学,2002,(4).

125 王晓燕.关于唐代茶马贸易的两个问题[J].中央民族大学学报:哲学社会科学版,2002,(2).

126 王晓燕,李宝刚.20世纪茶马贸易研究综述[J].兰州大学学报:社会科学版,2002,(6).

127 张雪慧、王恒杰.从几份档案中看滇藏经济贸易——兼谈对云南藏区社会经济与历史研究的重要性[J],中国藏学,1989,(1).

128 陈汛舟,陈一石.滇藏贸易历史初探[A].//西藏研究[J].1988,(4).

129 罗仕伟.试论茶马古道的旅游开发价值[J].重庆社会科学,2004,(1).

130 张波,赛宁.汉晋时期西南丝绸之路上的永昌道[J].云南民族学院学报:哲学社会科学版,1990,(2).

131 郭来喜.论南方陆上丝绸之路重振与德宏口岸开放[J].德宏经济,1990,(1-3).

132 向翔.茶马古道与滇藏文化交流[J].云南民族学院学报:哲学社会科学版,1994,(3).

133 郭弘.略论明代汉藏民族间的茶马贸易[J].开发研究,2001,(4).

134 陈保亚.论茶马古道的起源[J].思想战线,2004,(4).

135 格勒."茶马古道"的历史作用和现实意义初探[J].中国藏学,2002,(3).

136 明庆忠.茶马古道(云南段)旅游资源及其开发利用[J].长江流域资源与环境,1994,(4).

137 王川."茶古道"旅游品牌打造的思考[J].西南民族学院学报:哲学社会科学版,2003,(2).

138 罗莉.依托"茶马古道"黄金旅游线建立藏、川、滇"大三角"藏区旅游经济圈[J].西南民族学院学报:哲学社会科学版,2003,(2).

139 章虹宇.茶马古道与鹤庆商帮[J].云南民族大学学报:哲学社会科学版,2005,(3).

140 毛佑全.滇南驿道马帮历史探踪[J].中南民族学院学报:哲学社会科学版,1995,(6).

141 庞海红.云南马帮与滇泰贸易[J].乐山师范学院学报,2006,(6).

142 木永顺.论"茶马古道"的形成、发展及其历史地位[J].楚雄师范学院学报,2004,(4).

143 张越.近代云南马帮的发展及其对云南经济的影响[J].文山师范高等专科学校学报,2006,(1).

144 吴强.云南马帮及驿运历史的结束[N].云南日报,2001-06-20,(C03).

145 廖乐焕.论云南马帮运输货物的历史变迁[J].黑龙江民族丛刊,2010,
(5).

146 廖乐焕.马帮对云南现代社会经济发展的经济价值与借鉴意义[J].云
南民族大学学报:哲学社会科学版,2011,(1).

147 廖乐焕.论马帮对云南商品经济发展的推动作用[J].云南财经大学学
报:社会科学版,2011,(1).

148 廖乐焕.民族经济与民族文化关系探析[J].边疆经济与文化,2010,
(12).

149 [意]马可波罗.马可波罗行记[M].冯承钧译,呼和浩特:内蒙古人民出
版社,2008.

150 [俄]顾彼得.被遗忘的王国[M].李茂春译,昆明:云南人民出版社,
1992.

151 [美]埃德加·斯诺.马帮旅行[M].李希文等译,昆明:云南人民出版
社,2002.

152 [泰]干乍尼·拉翁西.关于泰族的发源地问题[J].简佑嘉译,云南民族
学院学报:哲学社会科学版,1989,(2).

153 [越]陶维英.越南古代史[M].刘统文,子钺译,北京:商务印书馆,
1976.

154 [缅]貌丁昂.缅甸史[M].贺圣达译,何平校,昆明:云南省东南亚研究
所,1983.

155 长泽和俊.丝绸之路研究的回顾与展望[J].世界历史译丛,1979,(5).

156 Asthana, Shashi. History and Archaeology of India , s Con – tects with Oth-
er Countries [M]. Delhi, 1976.

157 Sladen, E. B.. Expedition from Burma, via the Ieeawaddy and Bhamo, to
South—Western China [J]. The Journal of the Royal Geographical Society,
vol. 41, London, 1871.

158 Milne, Leslie. Shans at Home [M]. London, 1910.

159 Chu, T. H. Tea trade in central China [M]. Shanghai; Hong Kong: Kelly

& Walash, limited, 1936.

160 Thakur, G. C. Sharma. The Tai Phakes of Assam [M]. Ddlhi, 1982.

161 K. C. Willson and M. N. Clifford. Tea: cultivation to consumption [M]. London; New York: Chapman & Hall , 1992.

162 Etherinbton, Dan M and Keith Forster. Green gold: the political economy of China,s post – 1949 tea industry [M]. Hong Kong; New York: Oxford University Press, 1993.

163 Macfarlane, Alan and Iris Macfarlane. The empire of tea: the remarkable history of plant that took over the world [M]. New York: Overlook Press, 2004.

164 Goodwin, Jason. The gunpowder gardens: travels though India and China in search of tea [M]. London: Penguin Books, 2003.

165 Avery, Martha. The tae road: China and Russia meet across the steppe [M]. Beijing: China Intercontinental Press, 2003.

166 Sarkar, Goutam Kumar. The world tea economy [M]. Delhi: Oxford University Press, 1972.